Niederle Media

20 Standardfälle - Zivilrecht -

Zur gezielten Vorbereitung auf die Übung für Fortgeschrittene

ISBN 3-9806932-8-7
3. Auflage 2006

Bezug über den Buchhandel oder direkt vom Verlag
Jan Niederle Media
48341 Altenberge
Fax (02505) 93 98 99
E-Mail: jan.niederle@gmx.de
www.niederle-media.de

Druck:
OPOLgraf SA

▶ Inhalt

▶ 20 Standardfälle

▶ Was dieses Skript für dich tun kann

Dieses Skript ist gedacht als Einführung in Fälle aus dem Bereich Schuldrecht, Kaufrecht, Mietrecht, Werkvertragsrecht, Sachenrecht, Bereicherungsrecht und den Unerlaubten Handlungen, die typischerweise Gegenstand der Übung für Fortgeschrittene sind.

Du kannst zwar nicht darauf hoffen, dass dir in deiner Übung ein Fall begegnet, der mit einem hier dargestellten identisch ist. Allerdings ist die Wahrscheinlichkeit recht hoch, dass zumindest einige der hier abgehandelten Rechtsprobleme in deiner Klausur auftauchen, da es sich um absolutes Standardwissen handelt.

Viele Fallbücher gehen entweder über die Bedürfnisse der Studenten hinweg und sind schwer verständlich oder ihr Niveau ist so niedrig, dass sie den Prüfungsanforderungen in keiner Weise gerecht werden. Niederle-Skripte werden unter Mitarbeit von hochqualifizierten Hochschuldozenten und AG-Leitern erstellt, die wissen, was üblicherweise geprüft wird.

Regelmäßige E-Mails von Studenten, die nach relativ kurzer Einarbeitungszeit bei Klausuren oder Hausarbeiten Prädikatsnoten erzielt haben, verdeutlichen eindrucksvoll die **Vorteile der Niederle-Skripte:**

- Komprimierte, auf das Wesentliche reduzierte Darstellung
- Verwendung einer einfachen, gut verständlichen Sprache
- Integrierte Übersichten und Schemata
- Studentenfreundlicher Preis (6,60 €).

Für deine Klausuren drücke ich dir schon jetzt ganz fest die Daumen,

Jan Niederle

▶ Unser Skriptenangebot

Zivilrecht (je Titel 6,60 €*)
Standardfälle für Anfänger
Standardfälle für Fortgeschrittene
Standardfälle Schuldrecht
Einführung in das Bürgerliche Recht
Schuldrecht (AT)
Schuldrecht (BT) 1 - §§ 437, 536, 634, 670 ff.
Schuldrecht (BT) 2 - §§ 812, 823, 765 ff.
Sachenrecht 1 – Bewegliche Sachen
Sachenrecht 2 – Unbewegliche Sachen
Familienrecht
Kinder- und Jugendhilferecht
Erbrecht
Definitionen für die Zivilrechtsklausur (7,90 Euro) 1)

Strafrecht (je Titel 6,60 €)
Standardfälle für Anfänger
Standardfälle für Fortgeschrittene
Strafrecht (AT)
Strafrecht (BT) 1 - Vermögensdelikte
Strafrecht (BT) 2 - Nichtvermögensdelikte
Definitionen für die Strafrechtsklausur 1)
Jugendstrafrecht/Strafvollzug

Öffentl. Recht (je Titel 6,60 €*)
Standardfälle Staatsrecht I - VerfassungsR
Standardfälle Staatsrecht II - Grundrechte
Standardfälle für Anfänger
Standardfälle für Fortgeschrittene
Basiswissen Staatsrecht I – Verfassungsrecht 1)
Basiswissen Staatsrecht II – Grundrechte 1)
Verwaltungsrecht (AT) 1 - VwVfG
Verwaltungsrecht (AT) 2 - VwGO
Verwaltungsrecht (BT) 1 - POR
Verwaltungsrecht (BT) 2 – Baurecht
Verwaltungsrecht (BT) 3 - Umweltrecht
Grundriss Europarecht (7,90 Euro) 1)
Standardfälle Europarecht (7,90 Euro)

Steuerrecht (je Titel 6,60 €)
Abgabenordnung (AO)
Einkommensteuerrecht (EStG)
Umsatzsteuerrecht
Erbschaftsteuerrecht/Bewertungsrecht
Steuerstrafrecht/Verfahren/Steuerhaftung

Grundlagen (je Titel 6,60 €*)
Wie gelingt meine BGB-Hausarbeit?
Einführung in die Rhetorik
500 Spezial-Tipps f. Juristen (10,20 €)
Ratgeber Assessment Center
Mitarbeiterführung
Vernetztes Denken
Selbstmanagement

Nebengebiete (je 6,60 €)
Handelsrecht
Gesellschaftsrecht
Standardfälle Handels- & GesellschaftsR
Arbeitsrecht
Standardfälle Arbeitsrecht
ZPO I - Erkenntnisverfahren
ZPO II - Zwangsvollstreckung
Strafprozessordnung (StPO)
Insolvenzrecht
Gewerbl. Rechtsschutz/Urheberrecht

Assessorexamen (je 6,60 €)
Die Relationstechnik
Der strafrechtliche Aktenvortrag
Der zivilrechtliche Aktenvortrag
Der öffentl.-rechtliche Aktenvortrag
Urteilsklausuren Zivilrecht
Anwaltsklausuren Zivilrecht
Staatsanw. Sitzungsdienst & Plädoyer
Die strafrechtliche Assessorklausur
Zwangsvollstreckung

BWL (je Titel 6,60 €)
Einführung in d. Betriebswirtschaftslehre
Ratg. „500 Spezial-Tipps für BWLer"
Rechnungswesen
Grundl. emp. (quant.) Methoden
Marketing
Internationales Management
Unternehmensführung
Wie gelingt meine wiss. Abschlussarbeit?
Ratgeber Assessment Center
Einführung in die Rhetorik
Mitarbeiterführung
Vernetztes Denken

* 6,60 Euro, soweit nicht ein anderer Preis in ( ) angegeben ist.
1) Auch als **Hörbuch** (Audio-CD) lieferbar

Weitere Titel gesucht? Regelmäßig erscheinen neue Titel, die in dieser Übersicht dann noch nicht enthalten sind. Das komplette Verlagsprogramm sowie das Inhaltsverzeichnis eines jeden Titels ist tagesaktuell online unter **www.niederle-media.de.** Bei allen Neuerscheinungen ist ein konkreter Erscheinungstermin genannt.

Fall 1: Preiswerter van Gogh

▸ **Standort:** BGB AT, Anfechtung

Nach dem Tode seines Vaters löst der alleinige Erbe Jan-Philipp Randolph (R) dessen Wohnung auf. Das Wohnzimmerbild „Die Seerose" verkauft R dem gewieften Antiquitätenhändler Andersen (A) für 8.000 € und übereignet es direkt. R geht davon aus, dass das Bild von dem Landschaftsmaler Otto Modersohn stammt und notiert das auf der Quittung. A hingegen ahnt, dass das Bild von van Gogh gemalt wurde. Ein Gutachten bestätigt seine Vermutung. Als R sein Bild ein Jahr später in einem Fernsehbericht über van Gogh wiedersieht, ruft er sofort bei A an, erklärt die Anfechtung und verlangt das Bild von A heraus. Zu Recht?

I. Anspruch des R gegen A aus § 985

1. Bild ist eine Sache, § 90
2. A ist Besitzer, § 854
3. Eigentum des A, Verlust an R durch Anfechtung, § 142 I?

-> Liegt Fehleridentität bei dingl./schuldrechtl. Geschäft vor?

a) Anfechtungsgrund, § 119 II

aa) Anwendbarkeit des § 119 II <-> Gewährleistung §§ 434 ff.

bb) Vorliegen einer verkehrswesentlichen Eigenschaft

b) Anfechtungserklärung

c) Anfechtungsfrist

4. A hat wegen nichtigen Kaufvertrags kein Recht zum Besitz, § 986 I
5. Ergebnis: Anspruch des R gegen A aus § 985 (+)

II. Anspruch des R gegen A aus § 812 I 1, 1. Alt.

1. Etwas erlangt
2. Durch Leistung des R
3. Ohne Rechtsgrund

-> Kaufvertrag wegen Anfechtung gemäß § 142 I nichtig

4. Rechtsfolge: A muss das Bild an R herausgeben.

I. R könnte gegen A einen Anspruch aus § 985 auf Herausgabe des Bildes haben.

1. Das Bild ist gemäß **§ 90** ein körperlicher Gegenstand und damit eine **Sache.**

2. A hat die tatsächliche Gewalt über das Bild gemäß **§ 854 I** erlangt und ist folglich dessen **Besitzer.**

3. R müsste **Eigentümer** des Bildes sein. R hatte durch **Gesamtrechtsnachfolge, § 1922,** das Eigentum von seinem Vater erlangt. Durch Übereignung gemäß **§ 929 Satz 1** ist aber der A Eigentümer geworden. R ist nur dann Eigentümer, wenn er nicht nur das *schuldrechtliche* Kausalgeschäft, sondern auch die *dingliche* Einigung gemäß §§ 119 ff. wirksam angefochten hat, so dass auch diese gemäß § 142 I nichtig ist.

> Grundsätzlich gilt: Das Verfügungsgeschäft (Übereignung gemäß § 929) ist wegen des *Abstraktionsprinzips* in seiner Wirksamkeit unabhängig vom Verpflichtungsgeschäft (Kaufvertrag). Die Anfechtung des schuldrechtlichen Geschäfts kann jedoch auf das dingliche Geschäft „durchschlagen", wenn beide unter demselben Willensmangel leiden, sog. **Fehleridentität.** Eine Ansicht fordert zusätzlich, dass die dingliche und schuldrechtliche Einigung in einem einheitlichen Willensakt (zeitlich) zusammenfallen.

a) Anfechtungsgrund für das dingliche und das schuldrechtliche Geschäft könnte **§ 119 II** sein.

aa) Fraglich ist aber, ob § 119 II überhaupt *anwendbar* ist.

> Regelmäßig schließen die kaufrechtlichen Gewährleistungsvorschriften (§§ 434 ff.) eine Anfechtung des *Käufers* wegen Irrtums über *Eigenschaften der Kaufsache* (§ 119 II) aus.

Grund: Der *Käufer* soll nicht mit Hilfe der Anfechtung die speziellen kaufrechtlichen *Verjährungsfristen* umgehen können. Hingegen kann der *Verkäufer* grundsätzlich anfechten. Nur dann, wenn zu befürchten ist, dass der *Verkäufer* sich seiner Gewährleistungspflicht durch Anfechtung entziehen will, ist auch für ihn das Anfechtungsrecht ausgeschlossen.

Der Sachverhalt liefert keine Anhaltspunkte dafür, dass R durch Anfechtung seine Gewährleistungspflichten umgehen will. Folglich ist § 119 II anwendbar.

bb) R müsste sich über eine **verkehrswesentliche Eigenschaft** des Gemäldes geirrt haben, § 119 II.

Eigenschaften sind alle wertbildenden Faktoren, nicht aber der Wert oder der Preis selbst.

Die *Urheberschaft* des Gemäldes bestimmt maßgeblich dessen Wert und ist damit eine Eigenschaft.

Verkehrswesentlich sind Eigenschaften zumindest dann, wenn sie ausdrücklich oder konkludent vereinbart worden sind.

R hatte auf die Quittung geschrieben, dass das Bild von Otto Modersohn stamme. Die Urheberschaft war damit verkehrswesentliche Eigenschaft.

R wollte kein Bild von van Gogh, sondern eins von Otto Modersohn verkaufen und übereignen. Er befand sich also in einem **Irrtum.** Die Voraussetzungen des § 119 II sind somit gegeben.

b) Eine **Anfechtungserklärung** des R gegenüber dem A liegt vor. Durch Auslegung gemäß §§ 133, 157 ist zu ermitteln, ob sich diese nur auf die *schuldrechtliche* Einigung

(Kaufvertrag) oder auch auf die *dingliche* Einigung (Übereignung nach §§ 929) bezog. Durch sein Herausgabeverlangen hat R konkludent deutlich gemacht, dass er auch das dingliche Rechtsgeschäft, das wegen des Eigenschaftsirrtums unter dem gleichen Mangel leidet (= Fehleridentität), nicht gelten lassen will.

c) Die Anfechtung müsste **fristgerecht** gemäß **§ 121** erklärt worden sein. Dazu muss sie unverzüglich nach Erlangung der Kenntnis vom Anfechtungsgrund erfolgen. R hat unmittelbar nach dem Fernsehbericht bei A angerufen und so die Frist des § 121 gewahrt.

d) Ergebnis: R hat auch die dingliche Einigung wirksam angefochten, so dass diese gemäß § 142 I nichtig ist. R ist somit Eigentümer des Bildes.

4. R hat auch den Kaufvertrag wirksam angefochten, so dass A daraus kein **Recht zum Besitz** gemäß **§ 986 I** herleiten kann.

5. Ergebnis: R kann von A gemäß § 985 Herausgabe des Bildes verlangen.

II. R könnte gegen A einen Anspruch auf Herausgabe des Bildes aus § 812 I 1, 1. Alt. haben.

1. A hat den Besitz am Bild und damit **etwas erlangt.**

2. Dies müsste durch eine **Leistung** des R geschehen sein.

> Unter „Leistung" versteht man die bewusste und zweckgerichtete Vermehrung fremden Vermögens.

R hat das Bild dem A übergeben, um seine Verpflichtung aus dem Kaufvertrag zu erfüllen. Eine Leistung des R an A liegt somit vor.

3. Ohne Rechtsgrund ist die Leistung erfolgt, wenn R den Kaufvertrag wirksam angefochten hat, so dass dieser gemäß **§ 142 I nichtig** ist. Wie bereits festgestellt, ist der Kaufvertrag gemäß § 142 I nichtig.

4. Rechtsfolge des § 812 I 1 ist, dass A das Erlangte herausgeben muss. R kann somit gemäß § 812 I 1 1. Alt. Herausgabe des Bildes verlangen.

Abwandlung 1

R und A gehen *beide* irrtümlich davon aus dass das Bild von Otto Modersohn gemalt wurde. Nachdem der R gemerkt hat, dass es von van Gogh stammt, ruft er sofort bei V an und erklärt die Anfechtung. Kann er es herausverlangen?

§§ 985, 812 bilden auch hier wieder die Anspruchsgrundlagen. Anders als im Ausgangsfall muss nun jedoch im Rahmen des § 119 II diskutiert werden, ob § 119 II überhaupt anwendbar ist.

1. Dies wird von einer Ansicht mit der Begründung verneint, dass im Falle eines *beiderseitigen Irrtums* alleine der Zufall darüber entscheide, wer zuerst anfechte und daher gemäß § 122 zum Ersatz des Vertrauensschadens verpflichtet werde. Daher will diese Ansicht statt § 119 II die Grundsätze über die Störung der Geschäftsgrundlage (§ 313) anwenden.

2. Die Gegenansicht will § 119 II auch beim beiderseitigen Irrtum anwenden. Sie argumentiert, dass der Anfechtende durch seine Anfechtung regelmäßig Vorteile erziele. Daher sei es billig, wenn er dem Geschäftspartner auch den Vertrauensschaden ersetze.

▸ Literatur

Köhler/Fritsche, **JuS** 1990, 16 (Besprechung des Bilder-Falles)

Fall 2: Mein Name ist Hase.....

▸ **Standort:** BGB AT, Sachenrecht

Helmut Hase (H) verkauft und übereignet dem Betrüger Bertram (B) seinen alten Golf GTI für 2.000 €. B übergibt dem H einen Scheck. H übergibt dem B den Kfz-Schein und Kfz-Brief, vereinbart aber sicherheitshalber einen Eigentumsvorbehalt mit B und untersagt dem B jegliche Verfügung über den Wagen bis zur vollständigen Kaufpreiszahlung. B braucht dringend Geld und verkauft und übereignet den Wagen unter Vorlage der Kfz-Papiere kurze Zeit später an den gutgläubigen Günter Gläubig (G) für 3.000 € bar. Damit G nicht merkt, dass der Wagen ihm, dem B, gar nicht gehört, stellt B sich unter Vorlage eines gefälschten Personalausweises als der im Kfz-Brief eingetragene Hase vor. H merkt am nächsten Tag, dass der Scheck ungedeckt ist und fragt, ob er von G den Wagen oder ggf. von B den Erlös in Höhe von 3.000 € herausverlangen kann. Bearbeitungshinweis: § 823 ist nicht zu prüfen.

I. Anspruch des H gegen G aus § 985 auf Herausgabe des PKW

1. Sache gemäß § 90 BGB
2. Besitz des G gemäß § 854
3. Eigentum des H am Wagen
   a) Ursprüngliches Eigentum des H wegen Eigentumsvorbehalt
   b) Verlust des Eigentums durch gutgl. Erwerb des G, §§ 929, 932
      Zwischen wem ist die dingliche Einigung zustande gekommen?
      aa) Identitätstäuschung -> Einigung H-G
      bb) Namenstäuschung -> Einigung B-G
      cc) Auslegung gemäß §§ 133, 157
   c) Übergabe
   d) Berechtigung des B; guter Glaube des G
4. Ergebnis: Mangels Eigentum des H kein Anspruch aus § 985

II. Anspruch des H gegen B aus § 816 I 1 auf Herausgabe d. Erlöses

1. Verfügung des B
2. Nichtberechtigung des B
3. Wirksamkeit der Verfügung
4. Rechtsfolge: B muss das Erlangte herausgeben, auch den Gewinn

III. Anspruch des H gegen B aus §§ 687 II, 681, 667 (+)

I. H könnte gegen G einen Anspruch aus § 985 auf Herausgabe des Golf GTI haben.

1. Der Golf ist ein körperlicher Gegenstand gemäß **§ 90** und damit eine **Sache.**

2. G hat die tatsächliche Gewalt über den Wagen gemäß **§ 854 I** erlangt und ist deshalb dessen **Besitzer**.

3. H müsste **Eigentümer** des Wagens sein. Ursprünglich war H Eigentümer.

a) Er könnte sein Eigentum aber verloren haben und zwar an B. Dann müsste er sich gemäß **§ 929 S. 1** mit B über den Eigentumsübergang **geeinigt** haben.

> H und B hatten jedoch einen *Eigentumsvorbehalt* vereinbart. Das bedeutet, dass die Einigung über den Eigentumsübergang unter der *aufschiebenden Bedingung* geschlossen wurde, dass B den Kaufpreis vollständig an H zahlte, **§§ 929 Satz 1, 158 I, 449**. Die Hingabe eines *Schecks* erfolgt nur *erfüllungshalber* gemäß **§ 364 II**, so dass B dadurch seine Kaufpreisschuld noch nicht getilgt hat.

Mangels Zahlung hat B das Eigentum also nicht erworben, der H hat es nicht an B verloren.

b) H hat jedoch sein Eigentum verloren, wenn der G es von B gemäß **§ 932 gutgläubig** erworben hat. B und G müssten sich über den Übergang des Eigentums **geeinigt** haben. Das könnte hier problematisch sein, weil der B sich bei der Übereignung an G als H ausgegeben hat. B hat also unter dem Namen des H gehandelt.

Welche Rechtsfolgen ein **Handeln unter fremdem Namen** hat, hängt davon ab, ob über die **Identität** oder lediglich über den **Namen** getäuscht wurde.

aa) Hat B über seine *Identität* getäuscht, werden die **§§ 164 ff. analog** angewandt. Die Folge davon wäre, dass der Vertrag nicht zwischen ihm selbst und dem G, sondern zwischen H und G zustande gekommen wäre. B hätte dann quasi als Vertreter für H gehandelt. H hätte es in der Hand, das Geschäft **analog § 177** zu **genehmigen** oder die Genehmigung zu verweigern.

bb) Anders ist es bei einer *Namenstäuschung.* Hier kommt der Vertrag direkt zwischen dem Täuschenden und dem Vertragspartner zustande. Wenn B also lediglich über seinen Namen getäuscht hätte, läge eine wirksame Einigung zwischen ihm und dem G vor.

cc) Welche dieser beiden Möglichkeiten gegeben ist, muss durch **Auslegung** ermittelt werden, **§§ 133, 157**.

Es kommt darauf an, ob dem G der Name *so wichtig* war, dass er *nur mit dem Namensträger*, also dem H, abschließen wollte.

Der Sachverhalt liefert jedoch keine Anhaltspunkte dafür, dass der G nur mit dem H abschließen wollte. Vielmehr musste der G angesichts des *Bargeschäftcharakters* davon ausgehen, das Geschäft werde mit dem Austausch der beiderseitigen Leistungen ein für allemal erledigt sein. Auf den Namen des H kam es ihm somit nicht an. Deshalb liegt eine Namenstäuschung vor (a.A. ebenfalls gut vertretbar). Zwischen G und dem B ist demnach eine **Einigung** zustande gekommen.

c) Eine **Übergabe** des Golfs von B an G liegt vor.

d) B müsste **Berechtigter** gewesen sein.

Berechtigter ist nur der *Eigentümer* und derjenige, der mit *Einwilligung des Berechtigten* handelt.

Beide Voraussetzungen waren bei B nicht erfüllt, so dass der G den Wagen nur **gutgläubig** gemäss **§ 932 I** vom Nichtberechtigten B erworben haben kann. G war gemäß **§ 932 II** nicht in gutem Glauben, wenn ihm **bekannt oder grobfahrlässig unbekannt** war, dass der Wagen dem B nicht gehörte.

Der Käufer eines *gebrauchten* PKW handelt nur dann gutgläubig, wenn er sich bei der Übereignung den zum Wagen gehörenden *Kfz-Brief aushändigen* lässt und sich gegebenenfalls, sofern besondere Umstände vorliegen, die bei ihm Verdacht erregen müssen, bei dem zuletzt eingetragenen Fahrzeughalter nach den bestehenden Eigentumsverhältnissen *erkundigt.*

Hinweis: Die Prüfung von Kfz-Schein und -Brief ist eine Mindestvoraussetzung für die Gutgläubigkeit. Insbesondere dann, wenn der Veräußernde nicht mit der im Brief eingetragenen Person identisch ist, muss der Käufer weitere Nachforschungen anstellen.

Vorliegend hat G den Kfz-Brief eingesehen. Besondere Verdachtsumstände waren nicht ersichtlich, da B neben dem Personalausweis sowohl den Kfz-Schein, als auch Kfz-Brief vorgelegt hat. G hat deshalb gutgläubig das Eigentum am Golf erworben, der H seins verloren.

4. Ergebnis: H hat folglich gegen G keinen Herausgabeanspruch aus § 985.

II. H könnte gegen B einen Anspruch aus § 816 I Satz 1 auf Herausgabe des erzielten Verkaufserlöses in Höhe von 3.000 € haben.

1. Der B müsste eine **Verfügung** getroffen haben.

Verfügung ist jedes Rechtsgeschäft, das auf die Begründung, Veränderung, Übertragung oder Aufhebung eines Rechts gerichtet ist.

B hat das Eigentum am Golf übertragen und damit eine Verfügung vorgenommen.

2. B müsste **Nichtberechtigter** gewesen sein. Wie bereits oben festgestellt, war B Nichtberechtigter.

3. Die Verfügung müsste dem Berechtigten H gegenüber **wirksam** sein. Das ist insbesondere dann der Fall, wenn der H aufgrund der Gutglaubensvorschriften (§§ 932 ff.) sein Eigentum verloren hat. Dass G gemäß § 932 I das Eigentum am Golf erworben und H seins verloren hat, wurde schon festgestellt.

4. Rechtsfolge des **§ 816 I Satz 1** ist, dass B das durch die Verfügung **Erlangte** herausgeben muss. B hat insgesamt 3.000 € erlangt, also 1.000 € mehr als er dem H für den Wagen zahlen sollte. Fraglich ist, ob B diesen durch seine eigene Verkaufstüchtigkeit erzielten Gewinn von 1.000 € ebenfalls herausgeben muss.

Der *Wortlaut* des § 816 I Satz 1 differenziert jedoch nicht. Danach kann der Berechtigte vom Nichtberechtigten pauschal das „Erlangte“ herausverlangen.

Anhaltspunkte dafür, dass aus Gründen der Billigkeit ausnahmsweise gemäß § 242 eine Korrektur vorzunehmen ist, sind nicht ersichtlich. B muss also an H gemäß § 816 I Satz 1 die kompletten 3.000 € herausgeben.

III. H könnte gegen B einen Anspruch aus §§ 687 II, 681, 667 auf Herausgabe der 3.000 € haben.

1. Indem der B dem G den noch im Eigentum des H stehenden Golf verkaufte, hat er ein **objektiv fremdes Geschäft** wahrgenommen.

2. B handelte mit **Eigengeschäftsführungswillen**.

3. Der H hatte dem B den Verkauf bis zur vollständigen Kaufpreiszahlung untersagt, so dass B **ohne Berechtigung** handelte.

4. B wusste, dass er dem G den immer noch im Eigentum des H stehenden Golf verkaufte. Er hatte also **Kenntnis** von der Fremdheit des Geschäfts und seiner mangelnden Berechtigung.

5. Ergebnis: H hat daher gegen B einen Anspruch aus §§ 687 II, 681,667 auf Herausgabe der 3.000 €.

▸ **Literatur**

Schreiber, **Jura** 1998, 606 (Grundlagenwissen zur Stellvertretung)

Nippe, **Jura** 1994, 44 (Klausur zu § 816)

Fall 3: Die abgesoffenen Computer

▸ **Standort:** Schuldrecht AT, Drittschadensliquidation

Der Computerhändler Torsten Terrabyte (T) aus Berlin bestellt beim Versandhändler Otto (O) in Hamburg 10 Laptops der Marke „Jujitsu“ für je 999,90 €. Der T benötigt die Rechner dringend. Wegen eines Streiks kann O sie aber nicht an die gewohnte Transportfirma übergeben. Ausnahmsweise lässt O die Rechner auf seine Kosten durch einen Nachbarn, den Studenten S, ausliefern. Der S, der dafür 50 € erhält, begeht fahrlässig einen Fahrfehler, so dass er mit dem Wagen in die Spree fährt. Das Fahrzeug versinkt samt Rechnern in den Fluten. Kann O von T Kaufpreiszahlung verlangen?

Anspruch des O gegen T aus § 433 II auf Kaufpreiszahlung

1. Anspruch entstanden? -> Ja, ein Kaufvertrag wurde geschlossen
2. Anspruch untergegangen gemäß § 326 I 1?
   a) Unmöglichkeit (+), da Konkretisierung zur Stückschuld
   b) Bestehenbleiben des Anspruchs gemäß § 447?
      aa) Anwendbarkeit des § 447: Kein Fall des § 474 I, II
      bb) Versendung an anderen Ort als Erfüllungsort
      cc) Auf Verlangen des T
      dd) Übergabe an Transportperson
      ee) Zufälliger Untergang (+), da S nicht Erfüllungsgehilfe des O im Sinne des § 278 war
3. Anspruch durchsetzbar? Zurückbehaltungsrecht des T aus § 320? Muss O an T gemäß § 285 Ansprüche, die er gegen S hat, abtreten?
   a) Unmöglichkeit (+)
   b) Mögliche Ersatzansprüche des O gegen S
      aa) Anspruch aus § 425 HGB
      bb) Anspruch aus § 280 I BGB
      Dem O ist wegen § 447 kein Schaden entstanden; Grundsätze der Drittschadensliquidation
      cc) Anspruch aus §§ 823 I, 249 II 1
   c) Ergebnis: T hat ein Zurückbehaltungsrecht aus § 320 bis O seine Ansprüche gegen S an ihn gemäß § 285 abgetreten hat

O könnte gegen T einen Anspruch aus § 433 II auf Zahlung der 9.999 € haben.

Voraussetzung hierfür ist, dass der Anspruch *entstanden* und *nicht untergegangen* ist.

1. Voraussetzung für die Entstehung des Kaufpreisanspruchs ist, dass O und T einen **Kaufvertrag** geschlossen haben. Dazu müssten O und T sich geeinigt haben. Eine Einigung kommt zustande durch zwei übereinstimmende Willenserklärungen, nämlich Angebot und Annahme.

a) T hat ein **Angebot** abgegeben, indem er die Rechner bei O bestellte.

b) Dass O das Angebot **angenommen** hat, zeigt sich daran, dass er die Rechner zum Versand brachte. Dies dokumentiert seinen Annahmewillen. Problematisch könnte aber sein, dass dem T die Annahmeerklärung des O nicht **zugegangen** ist.

Gemäß **§ 151 S.1** ist jedoch der Zugang der Annahmeerklärung *entbehrlich*, wenn eine solche Erklärung nach der Verkehrssitte nicht zu erwarten ist. Im Versandhandel ist es allgemein üblich, dass bestellte Waren ohne ausdrückliche Annahmeerklärung ausgeliefert werden.

Folglich war der Zugang der Annahmeerklärung des O entbehrlich. O und T haben sich also geeinigt, der Kaufpreisanspruch aus § 433 II ist demnach entstanden.

2. Der Anspruch könnte untergegangen sein. Es könnte **die Gegenleistung** gemäß **§ 326 I Satz 1 entfallen** sein. Das ist der Fall, wenn O nach **§ 275 I** nicht zu leisten braucht. O muss nach § 275 I nicht leisten, wenn die von ihm zu erbringende Leistung – Verschaffung von Eigentum und Besitz an den Rechnern - unmöglich geworden ist.

a) Es müsste **Unmöglichkeit** vorliegen. Das ist der Fall, wenn die Leistung, Lieferung der Rechner, von niemandem erbracht werden kann. Daran könnten hier Zweifel bestehen, weil es sich bei den bestellten Computern um eine **Gattungsschuld** handelt. O ist daher in der Lage, 10 andere Rechner aus der Gattung zu liefern.

Das Schuldverhältnis beschränkt sich jedoch auf die 10 (untergegangenen) Rechner, wenn **Konkretisierung** gemäß **§ 243 II** eingetreten ist. Aus der Gattungsschuld ist dann eine *Stückschuld* geworden.

Dazu müsste O das **seinerseits Erforderliche** gemäß § 243 II getan haben. Ob O das „seinerseits Erforderliche" getan hat, ist davon abhängig, ob es sich um eine Bring-, Schick- oder Holschuld gehandelt hat.

Bei der **Holschuld** muss der Verkäufer die Ware nur zu dem vereinbarten Termin bereitstellen und den Käufer benachrichtigen. Der Käufer wiederum ist verpflichtet, die Sache abzuholen.

Vorliegend war vereinbart, dass O die Rechner nach Berlin schickte. *Demnach* scheidet eine Holschuld offensichtlich aus. Fraglich ist hier, ob es sich um eine **Bring-** oder **Schickschuld** handelt.

Bei der **Bringschuld** muss der Verkäufer den Kaufgegenstand aussondern und ihn am Wohnsitz des Käufers (Gläubigers) anbieten. Der sog. *Leistungsort* ist bei der Bringschuld der Wohnsitz des Käufers.

Bei der **Schickschuld** hingegen reicht es aus, wenn der Kaufgegenstand ausgesondert und einer Transportperson übergeben wird. Der Leistungsort ist bei der Schickschuld der Wohnsitz des Verkäufers (Schuldners).

Für eine Bringschuld könnte vorliegend sprechen, dass vereinbart war, dass der O die Rechner auf seine Kosten nach Berlin senden sollte. Leistungsort ist jedoch gemäß **§ 269 I** grundsätzlich der Ort der Niederlassung des Schuldners, hier also Hamburg.

Gemäß **§ 269 III** kann aus der Vereinbarung, dass der Schuldner die Kosten der Versendung übernimmt, auch nicht allein geschlossen werden, dass eine Bringschuld besteht. Im Zweifel ist auch hier der Sitz des Schuldners der Leistungsort.

Mangels besonderer Anhaltspunkte liegt somit eine *Schickschuld* vor. Bei der Schickschuld reicht die Übergabe an eine Transportperson vor Ort aus, damit Konkretisierung gemäß § 243 II eintritt. Dies hat O getan. Das Schuldverhältnis konkretisierte sich folglich auf die 10 zerstörten Rechner. O kann Eigentum und Besitz an diesen konkreten Rechnern nicht mehr übertragen. Unmöglichkeit gemäß § 275 I liegt also vor. Demnach könnte der Zahlungsanspruch aus § 433 II gemäß § 326 I Satz 1 entfallen und damit untergegangen sein.

b) Ausnahmsweise bleibt der Zahlungsanspruch allerdings bestehen, wenn die Voraussetzungen des **§ 447 I** vorliegen.

aa) § 447 müsste **anwendbar** sein.

Nach **§ 474 II** ist § 447 jedoch nicht anwendbar, wenn ein Verbraucher von einem Unternehmer eine bewegliche Sache kauft, § 474 I.

Verbraucher ist gemäß **§ 13** jede natürliche Person, die ein Rechtsgeschäft zu einem Zweck abschließt, der weder ihrer gewerblichen noch ihrer selbständigen beruflichen Tätigkeit zugerechnet werden kann.

Unternehmer ist nach **§ 14 I** eine natürliche oder juristische Person oder eine rechtsfähige Personengesellschaft, die bei Abschluss eines Rechtsgeschäfts in Ausübung ihrer gewerblichen oder selbständigen beruflichen Tätigkeit handelt.

O und T sind aber beide Unternehmer, so dass § 447 nicht durch § 474 II ausgeschlossen wird.

bb) O müsste die Rechner **nach einem anderen Ort** als dem Erfüllungsort **versandt** haben.

Erfüllungsort ist gemäß **§ 269** grundsätzlich der Ort der Niederlassung des Schuldners, hier also der Niederlassungsort des O (Hamburg).

Die Versendung erfolgte nach Berlin und damit an einen anderen Ort als dem Erfüllungsort.

cc) Die Versendung erfolgte auch **auf Verlangen** des T, weil T wollte, dass der O ihm die Rechner schickte.

dd) Die Rechner sind einer Transportperson **übergeben** worden.

ee) Die Rechner müssten **zufällig** untergegangen sein. Zufall scheidet aus, wenn der O sich den fahrlässigen Fahrfehler des S gemäß §§ 278, 276 zurechnen lassen müsste. Dies würde voraussetzen, dass der S Erfüllungsgehilfe des O war.

Erfüllungsgehilfe ist, wer mit Wissen und Wollen des Schuldners für diesen in dessen Pflichtenkreis tätig wird.

Wie bereits oben im Rahmen der Untersuchung zur *Schickschuld* festgestellt, war der O aber lediglich verpflichtet, die Rechner an die Transportperson zu übergeben. Daher wurde der S nicht mehr in O's Pflichtenkreis tätig. O muss sich den Fahrfehler des S also nicht gemäß § 278 zurechnen lassen. Die Rechner sind also zufällig untergegangen.

Die Voraussetzungen des § 447 I liegen vor. Rechtsfolge des § 447 I ist, dass die Gefahr auf T übergegangen ist. Demnach ist der Kaufpreisanspruch nicht gemäß § 326 I Satz 1 untergegangen. Der O kann von T also Zahlung des Kaufpreises verlangen.

3. Der Anspruch des O ist gegenüber T nicht durchsetzbar, wenn T ein **Zurückbehaltungsrecht** geltend macht. Ein solches Zurückbehaltungsrecht könnte sich aus **§ 320 I 1** ergeben. Es besteht, wenn der O verpflichtet ist, an den T etwaige Ansprüche, die er gegen den S hat, gemäß § 285 abzutreten.

Voraussetzung des § 285 ist, dass dem O die Leistungsverpflichtung unmöglich geworden ist und er infolge dieses Umstands einen Ersatzanspruch gegen den S erlangt hat.

a) Die Unmöglichkeit der Leistungserbringung gemäß § 275 I wurde oben bereits festgestellt.

b) Fraglich ist, ob der O aufgrund des Unfalls gegen den S einen Ersatzanspruch erlangt hat. Folgende Anspruchsgrundlagen erscheinen denkbar:

- § 425 HGB
- § 280 BGB
- § 823 I BGB
- § 831 BGB

aa) O könnte gegen den S einen Anspruch aus **§ 425 HGB** haben. Dazu müssten O und S einen **Frachtvertrag** gemäß **§ 407 HGB** geschlossen haben. Möglicherweise hat der S aber aus reiner *Gefälligkeit* für den O gehandelt und daher keinen *Rechtsbindungswillen* besessen.

Die Konsequenz wäre, dass dann gar kein Vertrag zwischen O und S zustande gekommen wäre.

S hat jedoch ein Entgelt in Höhe von 50 € für den Transport erhalten. Auch war der Transport für O erkennbar von großer wirtschaftlicher Bedeutung. Eine Gefälligkeit liegt nicht vor, ein Vertrag wurde also zwischen O und S geschlossen.

Der den Schadensersatzanspruch gewährende § 425 HGB gilt gemäß § 407 III Nr. 2 HGB aber nur dann, wenn die Beförderung zum Betrieb eines *gewerblichen Unternehmens* gehörte.

Dies ist beim Transport durch den Studenten S jedoch nicht der Fall. Folglich scheidet ein Anspruch aus § 425 HGB aus.

bb) Der O hat gegen den S jedoch einen Anspruch aus **§ 280 I BGB** wegen Verletzung der sich aus dem Transportvertrag ergebenden Sorgfaltspflichten. Dem O müsste allerdings auch ein *Schaden* entstanden sein.

Unter „Schaden“ versteht man jede *unfreiwillige Vermögenseinbuße*, gemessen vor und nach dem schädigenden Ereignis.

Wie bereits festgestellt, besteht trotz Zerstörung der Computer ein Zahlungsanspruch des O gegen T. Dem O ist also gar kein Schaden entstanden. Dies könnte dazu führen, dass O möglicherweise keinen Anspruch aus § 280 gegen den S hat.

Ein Auseinanderfallen von Anspruch und Schaden wird über die sog. **Drittschadensliquidation** gelöst. Es ist gewohnheitsrechtlich anerkannt, dass dann, wenn der Käufer einen Schaden, aber keinen eigenen Anspruch, der Verkäufer wiederum einen Anspruch aber selbst keinen Schaden hat und diese Verlagerung auf einem *zufälligen* Grund, nämlich auf § 447 I BGB beruht, der Verkäufer den Schaden des Käufers liquidieren kann. Der Schaden des Käufers wird dann zur Anspruchsgrundlage des Verkäufers gezogen.

Wie schon festgestellt, hat der Verkäufer O zwar einen Anspruch aus § 280 BGB, jedoch keinen Schaden. Der Käufer T wiederum hat zwar einen Schaden, da er den Kaufpreis an den O zahlen muss. Er hat jedoch keinen Anspruch gegen den S:

- Zwischen T und S bestand keinerlei vertragliche Beziehung, so dass Ansprüche aus Vertrag ausscheiden.
- Deliktische Ansprüche des T gegen S aus §§ 823 ff. scheitern daran, dass T mangels Übergabe der Rechner noch nicht das Eigentum oder den Besitz daran erworben hat.

Demnach sind die Voraussetzungen der Drittschadensliquidation erfüllt. Der Schaden des T wird also zur Anspruchsgrundlage des O gezogen. O hat also gegen S einen Anspruch aus § 280 I BGB.

cc) O könnte gegen den S auch einen Anspruch auf Schadensersatz aus **§§ 823 I, 249 II 1** haben.

(1) Es müsste ein in **§ 823 I** genanntes **Rechtsgut** verletzt worden sein. Zum Zeitpunkt des Unfalls waren die 10 Rechner noch nicht gemäß § 929 Satz 1 an T übergeben, so dass O noch deren Eigentümer war. Als der Wagen samt Rechnern in der Spree versank, wurde somit das **Eigentum** des O beschädigt.

(2) Weiterhin müsste ein **Handeln** oder **Unterlassen** des S vorliegen. S hat den Wagen in die Spree gelenkt. Ein Handeln des S ist also gegeben.

(3) **Kausalität** und **Adäquanz** sind gegeben.

(4) Die **Rechtswidrigkeit** ist gegeben.

(5) Es liegt auch ein **Verschulden** vor, da S laut Sachverhalt gemäß § 276 II *fahrlässig* gehandelt hat.

(6) Der O hat gegen S also auch einen Anspruch aus §§ 823 I, 249 II 1, wobei nach den Grundsätzen der Drittschadensliquidation ebenfalls der Schaden des T zum Anspruch des O gezogen wird.

dd) Als Ergebnis lässt sich damit festhalten, dass O gegen den S Ansprüche auf Schadensersatz wegen der 10 zerstörten Rechner hat.

c) Der T kann also gemäß § 320 von seinem Zurückbehaltungsrecht Gebrauch machen, bis der O an ihn die Ansprüche, die dem O aus §§ 280, 823 I BGB gegen den S zustehen, gemäß § 285 abgetreten hat.

Abwandlung 1

Was würde sich im Ausgangsfall ändern, wenn der O die Rechner nicht dem Studenten S, sondern der Transportfirma UKS übergeben hätte und der UKS-Fahrer S den Wagen in die Spree gelenkt hätte?

Wie im Ausgangsfall kann der O wegen § 447 BGB von T Zahlung des Kaufpreises aus § 433 II verlangen. Fraglich ist aber, ob der T gegenüber diesem Zahlungsanspruch des O ein Zurückbehaltungsrecht aus § 320 BGB geltend machen kann.

Der Empfänger T könnte wegen § 421 HGB bereits einen *eigenen* Schadensersatzanspruch aus §§ 425, 428 HGB gegen die Transportfirma UKS haben mit der Folge, dass er von O keine Abtretung gemäß § 285 BGB verlangen kann.

Anders als im Ausgangsfall gehörte die Beförderung zum Betrieb eines *gewerblichen Unternehmens*. Daher sind gemäß § 407 III Nr. 2 HGB die §§ 421, 425, 428 HGB anwendbar. Der Empfänger T kann nun gemäß § 421 I 2 HGB seinen Schadensersatzanspruch aus §§ 425, 428 HGB selbst gegenüber der Firma UKS geltend machen.

Fraglich ist, ob der O seine Schadensersatzansprüche aus § 280 und § 831 BGB (S ist Verrichtungsgehilfe der Firma UKS) im Wege der Drittschadensliquidation geltend machen kann. Die Drittschadensliquidation greift jedoch immer nur dann ein, wenn der Käufer einen Schaden, aber *keinen eigenen Anspruch*, der Verkäufer wiederum einen Anspruch aber selbst keinen Schaden hat.

Wie gezeigt, hat vorliegend der Käufer T aber einen *eigenen* Anspruch aus §§ 421, 425, 428 HGB. Findet § 421 HGB Anwendung, kommt eine Drittschadensliquidation also nicht in Betracht. Demnach hat der Verkäufer O gar keinen Anspruch, den er gemäß § 285 abtreten könnte. Also kann der Käufer T die Einrede aus § 320 nicht erheben.

Abwandlung 2

Wie im Ausgangsfall. Jedoch: Der O lässt die Rechner nicht durch die Firma UKS, sondern durch seinen Mitarbeiter M ausliefern. M lenkt den Wagen fahrlässig in die Spree.

Zu diskutieren ist hier, ob § 447 auch beim Transport durch eigene Leute Anwendung findet. Dies ist streitig:

- Nach einer Ansicht soll § 447 beim Transport durch eigene Leute nicht eingreifen. Hierfür spreche insbesondere der *Wortlaut* des § 447 („Auslieferung an den Spediteur, Frachtführer oder die sonst zur Ausführung der Versendung bestimmte Person oder Anstalt"). Die Ware müsse also einer unabhängigen Person übergeben werden, die den Besitz daran erlange.

- Die h.M. wendet demgegenüber den § 447 auch dann an, wenn der Verkäufer für den Transport eigene Leute einsetzt. Hierfür spricht insbesondere, dass der Verkäufer nicht dadurch benachteiligt werden soll, dass er dem Käufer entgegengekommen ist und ohne eigenes Interesse eine zusätzliche Aufgabe (Transport) übernommen hat.

Abwandlung 3

Wie im Ausgangsfall. Der T ist nun aber nicht Computerhändler, sondern einfach nur ein Computerfreak, der einen Rechner zum Preis von 999 € für sich privat kauft. Kann O von T die Kaufpreiszahlung aus § 433 II verlangen, nachdem der Rechner wie im Ausgangsfall in der Spree versunken ist?

O könnte gegen T einen Anspruch aus § 433 II auf Zahlung des Kaufpreises in Höhe von 999 € haben.

Voraussetzung hierfür ist, dass der Anspruch entstanden und nicht untergegangen ist.

1. O und T haben sich über den Abschluss eines **Kaufvertrages** geeinigt. Der Kaufpreisanspruch aus § 433 II ist demnach entstanden.

2. Der Anspruch könnte gemäß **§ 326 I Satz 1** entfallen sein.

a) Wie im Ausgangsfall muss der O gemäß § 275 I das Eigentum und den Besitz an dem Rechner nicht mehr übertragen. Somit könnte der Anspruch auf die Gegenleistung in Höhe von 999 € gemäß § 326 I 1 entfallen sein.

b) Der Kaufpreisanspruch des O bleibt jedoch unter den Voraussetzungen des **§ 447** ausnahmsweise bestehen. § 447 müsste zunächst **anwendbar** sein. Nach **§ 474 II** ist § 447 nicht anwendbar, wenn ein Verbraucher von einem Unternehmer eine bewegliche Sache kauft, sog. *Verbrauchsgüterkauf*.

Verbraucher ist gemäß **§ 13** jede natürliche Person, die ein Rechtsgeschäft zu einem Zweck abschließt, der weder ihrer gewerblichen noch ihrer selbständigen beruflichen Tätigkeit zugerechnet werden kann.

Unternehmer ist nach **§ 14 I** eine natürliche oder juristische Person oder eine rechtsfähige Personengesellschaft, die bei Abschluss eines Rechtsgeschäfts in Ausübung ihrer gewerblichen oder selbständigen beruflichen Tätigkeit handelt.

Vorliegend kaufte T den Rechner für sich privat. Er handelte also nicht in Ausübung einer gewerblichen oder selbständigen beruflichen Tätigkeit und war daher „Verbraucher" i.S.d. §§ 13, 474 I. Daher ist § 447 nicht anwendbar. Folglich bleibt der Kaufpreisanspruch des O nicht ausnahmsweise nach § 447 bestehen.

c) Der Kaufpreisanspruch des O bleibt aber auch unter den Voraussetzungen des **§ 446** ausnahmsweise bestehen. Da § 474 II den § 446 nicht nennt, ist § 446 auch anwendbar, wenn ein Verbraucher von einem Unternehmer kauft (Verbrauchsgüterkauf).

Nach § 446 Satz 1 geht die Gefahr grds. erst dann auf den Käufer über, wenn ihm die Sache **übergeben** worden ist, er also den *Besitz* daran erlangt hat.

T hat aber vorliegend aufgrund des Unfalls den Besitz an dem Rechner noch nicht erlangt. Demnach ist die Gefahr nicht auf ihn nach § 446 Satz 1 übergegangen. Also ist der Kaufpreisanspruch des O gemäß § 326 I 1 entfallen. Der O kann also von T keine Zahlung des Kaufpreises in Höhe von 999 € aus § 433 II verlangen.

Abwandlung 4

Wie *Abwandlung 3.* Jedoch war vereinbart, dass der T den Rechner in Hamburg abholen sollte, was er aber nicht tat. Nach Eintritt des Annahmeverzugs schickt der verärgerte O dem T den Rechner nach Berlin. Unterwegs versinkt er ohne Verschulden des O in der Spree. Kann O Zahlung des Kaufpreises in Höhe von 999 € von T fordern?

O könnte gegen T einen Anspruch aus § 433 II auf Zahlung des Kaufpreises in Höhe von 999 € haben.

Voraussetzung hierfür ist, dass der Anspruch entstanden und nicht untergegangen ist.

1. O und T haben sich über den Abschluss eines **Kaufvertrages** geeinigt. Der Kaufpreisanspruch aus § 433 II ist demnach entstanden.

2. Der Anspruch könnte gemäß **§ 326 I Satz 1** entfallen sein.

a) Wie im Ausgangsfall muss der O gemäß § 275 I das Eigentum und den Besitz an dem Rechner nicht mehr übertragen. Somit könnte der Anspruch auf die Gegenleistung in Höhe von 999 € gemäß § 326 I 1 entfallen sein.

b) Der Kaufpreisanspruch des O bleibt jedoch unter den Voraussetzungen des **§ 447** ausnahmsweise bestehen. § 447 müsste zunächst **anwendbar** sein. Nach **§ 474 II** ist § 447 nicht anwendbar, wenn ein Verbraucher von einem Unternehmer eine bewegliche Sache kauft, sog. *Verbrauchsgüterkauf*.

Verbraucher ist gemäß **§ 13** jede natürliche Person, die ein Rechtsgeschäft zu einem Zweck abschließt, der weder ihrer gewerblichen noch ihrer selbständigen beruflichen Tätigkeit zugerechnet werden kann.

Unternehmer ist nach **§ 14 I** eine natürliche oder juristische Person oder eine rechtsfähige Personengesellschaft, die bei Abschluss eines Rechtsgeschäfts in Ausübung ihrer gewerblichen oder selbständigen beruflichen Tätigkeit handelt.

Vorliegend kaufte T den Rechner für sich privat. Er handelte also nicht in Ausübung einer gewerblichen oder selbständigen beruflichen Tätigkeit und war daher „Verbraucher“ i.S.d. §§ 13, 474 I. Daher ist § 447 nicht anwendbar. Folglich bleibt der Kaufpreisanspruch nicht ausnahmsweise nach § 447 bestehen.

c) Der Kaufpreisanspruch des O bleibt auch unter den Voraussetzungen des **§ 446** ausnahmsweise bestehen. Da § 474 II den § 446 nicht nennt, ist § 446 auch anwendbar, wenn ein Verbraucher von einem Unternehmer kauft (Verbrauchsgüterkauf).

Nach § 446 Satz 1 geht die Gefahr grds. erst dann auf den Käufer über, wenn ihm die Sache **übergeben** worden ist, er also den *Besitz* daran erlangt hat. T hat aber vorliegend aufgrund des Unfalls den Besitz am Rechner noch nicht erlangt. Demnach ist die Gefahr nicht auf ihn nach § 446 Satz 1 übergegangen.

Nach **§ 446 Satz 3** steht es der Übergabe gleich, wenn der Käufer sich im **Annahmeverzug** befindet.

Laut Sachverhalt befand T sich zum Zeitpunkt des Unfalls im Annahmeverzug. Die Gefahr eines zufälligen Untergangs war zum Unfallzeitpunkt also auf T übergegangen.

Den O traf laut Sachverhalt kein Verschulden, so dass der Untergang des Rechners auch „zufällig" i.S.d. § 446 Satz 1 war. Also ist der Kaufpreisanspruch des O nicht gemäß § 326 I 1 entfallen (vgl. auch den „Annahmeverzug" in § 326 II 1). Der O kann also von T Zahlung des Kaufpreises in Höhe von 999 € aus § 433 II verlangen.

3. Zur Einrede des T aus § 320 s.o.

▸ Literatur

- 🕮 Skript **Einführung in das Schuldrecht (BT) 1**
- 🕮 von Koppenfels, **JuS** 2002, 569 (Klausur)
- 🕮 Steding, **JuS** 1983, 617 (Drittschadensliquidations-Klausur)
- 🕮 Schreiber, **Jura** 1987, 647 (Grundlagenwissen zu §§ 278, 831)
- 🕮 Pöggeler, **JA** 1999, 505 (510) (Grundfall Drittschadensliquidation)
- 🕮 Hohmann, **JA** 1999, 978 (Drittschadensliquidation und § 421 HGB)

Fall 4: Das nicht abgeholte Wasserbett

▸ **Standort:** Schuldrecht AT, Rücktritt, Verzug, Schadensersatz

„Boris" (B) plant, wieder mit seiner Ex-Frau „Babs" zusammenzuziehen. Deshalb kauft er im Räumungsverkauf beim Möbelhändler V ein Wasserbett, Modell „Atlantic Ocean", das er erst später abholen will. Nach einer Auseinandersetzung mit „Babs" entschließt sich B, doch nicht mit ihr zusammenzuziehen. Als das Bett am 01.10. immer noch nicht abgeholt ist, fordert V den B per Fax auf, das Bett innerhalb der nächsten halben Stunde abzuholen. B reagiert jedoch nicht. V will am 03.10. vom Vertrag zurücktreten. Zu Recht?

Anspruch des V auf Rücktritt aus § 323 I
1. Vorliegen eines gegenseitigen Vertrags
2. Fälliger Anspruch des V, Nichtleistung des B trotz Möglichkeit
3. Setzen einer angemessenen Frist, erfolgloser Ablauf
4. Kein Ausschluss des Rücktritts gemäß § 323 VI
5. Ergebnis: Rücktrittsrecht des V

<u>**Fraglich ist, ob V gemäß § 323 I vom Kaufvertrag zurücktreten kann.**</u>

1. Rücktrittsrecht gem. § 349 ? Wie formulieren

1. Es müsste ein **gegenseitiger Vertrag** vorliegen. Dies ist bei einem Kaufvertrag, bei dem eine Sache gegen Geld übergeben wird, der Fall. B und V haben mit dem Kaufvertrag also einen gegenseitigen Vertrag geschlossen.

> Möglichkeit d. Lstg -> wie prüfen

2. Der Schuldner B müsste gemäß § 323 I die **fällige Leistung nicht erbracht** haben. Nach § 433 II war der B verpflichtet, die gekaufte Sache, das Wasserbett, abzunehmen. Nach **§ 271 I** musste B dies sofort tun. Somit war der Anspruch fällig. Der B hat das Bett nicht abgeholt, obwohl ihm dies möglich war. Damit hat B die fällige Leistung nicht erbracht.

3. Der V müsste dem B gemäß § 323 I eine **angemessene Frist** zur Leistung gesetzt haben und diese Frist müsste **erfolglos abgelaufen** sein. V hat den B am 01.10. per Fax aufgefordert, das Bett innerhalb der nächsten halben Stunde abzuholen. Fraglich ist aber, ob dies eine angemessene Frist war.

> **Angemessen** ist eine Frist dann, wenn sie dem Schuldner eine letzte Möglichkeit gibt, seine Leistung zu erbringen.

Vorliegend war die Frist jedoch so kurz bemessen, dass die Abholung des Bettes dem B praktisch nicht möglich war.

> Erweist sich eine Frist als **unangemessen kurz**, so ist sie damit jedoch nicht völlig unwirksam. Vielmehr setzt sie eine angemessene Nachfrist in Lauf.

Aufgrund der besonderen Eilbedürftigkeit (Räumungsverkauf) erscheint vorliegend eine Frist von 2 Tagen als ausreichend. Der B hat jedoch auch am 03.10. nach Ablauf der zweitägigen Frist nicht das Bett abgeholt. Die Nachfrist ist damit erfolglos abgelaufen.

4. Ein **Ausschluss des Rücktritts** gemäß **§ 323 VI** ist nicht ersichtlich.

5. Damit sind die Voraussetzungen des § 323 I erfüllt. Der V kann also vom Kaufvertrag gemäß § 323 I zurücktreten.

Abwandlung 1 Schuldnerverzug

> Der B erscheint bei V mit einem gemieteten VW-Bus zu dem vereinbarten Termin (30.09.), um das Bett abzuholen. Jedoch ist die Tür des Geschäfts verschlossen und V ist nirgendwo zu finden. B kann das Bett erst am 01.10. abholen, muss hierfür erneut den Bus mieten und verlangt von V Ersatz der Mietwagenkosten für den 30.09. Zu Recht?

Anspruch d. B auf Ersatz d. Verzögerungsschadens, §§ 280 I, II, 286 1. Kaufvertrag = Schuldverhältnis 2. Pflichtverletzung des V = Nichtleistung 3. Vertretenmüssen des V wird vermutet, § 280 I 2 4. Zusätzliche Voraussetzungen des § 286 a) Fälliger, durchsetzbarer Anspruch des B b) Nichtleistung des V c) Mahnung des B entbehrlich gemäß § 286 II Nr. 1 5. Ergebnis: Ersatzpflicht des V aus §§ 280 I, II, 286

B könnte gegen V einen Anspruch aus §§ 280 I, II, 286 auf Zahlung der Mietwagenkosten für den 30.09. haben.

1. Ein Kaufvertrag und damit ein **Schuldverhältnis** bestand zwischen B und V.

2. Es müsste eine **Pflichtverletzung** des V vorliegen. B und V hatten einen konkreten Abholtermin vereinbart, V war jedoch nicht in seinem Geschäft. Eine Pflichtverletzung des V ist damit gegeben.

3. Der V muss beweisen, dass er die Pflichtverletzung nicht **zu vertreten** hat, § 280 I 2. Für ein Nichtvertretenmüssen des V enthält der Sachverhalt aber keine Anhaltspunkte.

4. § 280 II stellt klar, dass der Gläubiger Schadensersatz wegen Verzögerung der Leistung nur unter der **zusätzlichen Voraussetzung des § 286** verlangen kann. Zu prüfen ist daher, ob der V sich im Schuldnerverzug befunden hat. Der Verzug setzt folgendes voraus:

a) B müsste einen **fälligen** und **durchsetzbaren Anspruch** gehabt haben. B hatte einen Anspruch auf Eigentumsverschaffung aus § 433 I 1. Dieser Anspruch war auch fällig.

b) Der V hat zu dem vereinbarten Termin **nicht geleistet.**

c) Grundsätzlich erfordert der Verzug das Vorliegen einer **Mahnung, § 286 I.**

Unter einer **Mahnung** versteht man eine dringende Aufforderung zur Leistung, die deutlich macht, dass das Nichtleisten nachteilige Folgen hat.

Der V hat den B nicht gemahnt. Gemäß § 286 II Nr. 1 ist eine Mahnung jedoch entbehrlich, wenn für die Leistung eine Zeit nach dem Kalender bestimmt ist. V und B hatten vereinbart, dass die Abholung des Bettes am 30.09. erfolgen sollte. Somit war eine Mahnung entbehrlich.

d) Der Schuldner V kommt gemäß **§ 286 IV** nicht in Verzug, solange die Leistung infolge eines Umstandes unterbleibt, den er **nicht zu vertreten** hat. Für ein Nichtvertretenmüssen des V liefert der Sachverhalt jedoch keine Angaben.

e) Es liegt jedoch Unmögl. wg. Abbrennen des Autos vor,

5. Ergebnis: Die Voraussetzungen der §§ 280 I, II, 286 liegen vor. V muss also an B Schadensersatz leisten. B ist so zu stellen, als wäre das schädigende Ereignis nicht eingetreten. Wenn V am 30.09. in seinem Laden gewesen wäre, hätte der B nicht ein zweites Mal (01.10.) den VW-Bus anmieten müssen. Also kann B die Mietwagenkosten für den 30.09. als *Schadensersatz neben der Leistung* von V ersetzt verlangen.

Abwandlung 2

Der B erscheint bei V zu dem vereinbarten Termin (30.09.), um das Bett abzuholen. Jedoch ist die Tür des Geschäfts verschlossen und V ist nirgendwo zu finden. Als B den V abends anruft, weigert V sich, das Bett zu liefern. Hieran ändert auch die Nachfristsetzung durch B nichts. Da B für die erste „Versöhnungsnacht“ mit „Babs“ dringend ein Bett benötigt, kauft er beim Händler H ein Wasserbett, das 500 € teurer als das des V ist. B verlangt nun von V die 500 € Mehrkosten. Zu Recht?

Vorüberlegung: Während in *Abwandlung 1* nach den Kosten für den Mietwagen, also nach einem Schadenersatzanspruch *neben der Leistung* gefragt war, geht es hier um einen Schadenersatzanspruch *statt der Leistung*, der den Primäranspruch ersetzen soll.

Anspruch des B auf Ersatz der Mehrkosten, §§ 280 I, III, 281 I 1
1. Kaufvertrag = Schuldverhältnis
2. Pflichtverletzung des V = Nichtleistung entgegen § 433 I 1
3. Vertretenmüssen des V wird vermutet, § 280 I 2
4. Zusätzliche Voraussetzungen des § 281 I 1
a) Fälliger, durchsetzbarer Anspruch des B
b) Erfolglose Fristsetzung durch B
5. Ergebnis: Ersatzpflicht des V aus §§ 280 I, III, 281 I 1

B könnte gegen V einen Anspruch aus §§ 280 I, III, 281 I auf Zahlung der Mehrkosten von 500 € haben.

1. Ein Kaufvertrag und damit ein **Schuldverhältnis** bestand zwischen B und V.

2. Es müsste eine **Pflichtverletzung** des V vorliegen. V war zur Übereignung des Wasserbettes gemäß § 433 I 1 verpflichtet, ist dieser Pflicht aber nicht nachgekommen. Eine Pflichtverletzung des V ist damit gegeben.

3. Der V muss beweisen, dass er die Pflichtverletzung nicht **zu vertreten** hat, § 280 I 2. Für ein Nichtvertretenmüssen des V enthält der Sachverhalt aber keine Anhaltspunkte.

4. § 280 III verweist auf § 281. Zu prüfen ist daher:

a) Es müsste ein **fälliger Anspruch** des B bestanden haben. B hatte einen Anspruch auf Eigentumsverschaffung aus § 433 I 1. Dieser Anspruch war auch fällig.

b) Weiter müsste der B dem V gemäß § 281 I 1 erfolglos eine **angemessene Frist** zur Leistung oder Nacherfüllung bestimmt haben. Diese Voraussetzung ist laut Sachverhalt gegeben.

5. Ergebnis: Die Voraussetzungen der §§ 280 I, III, 281 I liegen vor. V muss also an B Schadensersatz leisten. B ist so zu stellen, wie er stünde, wenn V ordnungsgemäß erfüllt hätte (positives Interesse). Wenn V dem B das Bett übereignet hätte, hätte der B nicht das teurere Bett bei H kaufen müssen. Also kann B die Mehrkosten von 500 € als *Schadensersatz statt der Leistung* von V ersetzt verlangen.

🕮 Skript **Einführung in das Schuldrecht (AT)**

Fall 5: Augen auf beim Autokauf! Teil 1

▸ **Standort:** Kaufrecht, Gewährleistung, Sachmängelhaftung

Dieter (D) möchte mit Estefinia eine Familie gründen. Deshalb kauft D am Valentinstag, 14.02., beim VW-Händler V für sich privat einen ein Jahr alten VW-Sharan für 29.000 €. Am 16.02. merkt D, dass der Motor stark Öl verliert. Ursache ist eine defekte Zylinderkopfdichtung. Da V sich hartnäckig weigert, dieses durchaus behebbare Problem abzustellen, fragt D, ob er die gezahlten 29.000 € zurückverlangen kann. D's Bekannter, der Jura studiert, meint dies sei nicht möglich, da D dem V keine Frist gesetzt habe.

Anspruch des D auf Rückzahlung, §§ 346 I, 437 Nr. 2, 323

1. Kaufvertrag = Schuldverhältnis
2. Vorliegen eines Mangels gemäß § 434 bei Gefahrübergang (§ 446)
   a) Mangel gemäß § 434 I 1 (-)
   b) Mangel gemäß § 434 I 2 Nr. 1 (-)
   c) Mangel gemäß § 434 I 2 Nr. 2 (+)
3. Kein Ausschluss der Gewährleistung, z.B. gemäß § 442
4. Frist zur Nacherfüllung (§ 323 I) entbehrlich, § 323 II Nr. 1
5. Ausschluss des Rücktrittsrechts z.B. gem. §§ 323 V 2, 323 VI (-)
6. Rücktrittserklärung (§ 349) muss der D noch abgeben
7. Ergebnis: D kann die 29.000 € von V zurückverlangen

D könnte gegen V gemäß §§ 346 I, 437 Nr. 2, 323 einen Anspruch auf Rückgewähr des Kaufpreises in Höhe von 29.000 € haben.

1. D und V haben einen **wirksamen Kaufvertrag** geschlossen.

2. Ein **Rücktrittsgrund** liegt gemäß § 437 Nr. 2 vor, wenn der Wagen schon bei Gefahrübergang mangelhaft war.

a) Ein **Sachmangel** ist nach **§ 434 I Satz 1** gegeben, wenn der Wagen die vereinbarte Beschaffenheit nicht hat.

D und V hatten keine Vereinbarung über die Beschaffenheit des Autos getroffen.

b) Auch war keine spezielle Verwendung gemäß **§ 434 I Satz 2 Nr. 1** vorausgesetzt.

c) Nach **§ 434 I Satz 2 Nr. 2** leidet das Auto jedoch auch dann unter einem Sachmangel, wenn es sich nicht für die *gewöhnliche Verwendung* eignet und nicht eine Beschaffenheit aufweist, die bei Sachen der gleichen Art *üblich* ist und die der Käufer nach der Art der Sache *erwarten* kann.

Ein ein Jahr altes Auto, dessen Zylinderkopfdichtung defekt ist, eignet sich nicht für den gewöhnlichen Gebrauch und weist auch nicht die übliche, vom Käufer zu erwartende Beschaffenheit auf. Somit ist das Auto mangelhaft.

Tipp: § 434 ist somit in dieser Reihenfolge durchzuprüfen:
1) 434 I 1 -> **2)** § 434 I 2 Nr. 1-> **3)** § 434 I 2 Nr. 2

d) Der Mangel müsste bereits **bei Gefahrübergang** vorgelegen haben, darf also nicht erst später bei D entstanden sein.

Gemäß § 446 Satz 1 geht die Gefahr regelmäßig mit der **Übergabe** der Sache auf den Käufer über.

Zu dem Zeitpunkt, als der D den Wagen von V erhielt, müsste der Wagen also schon eine defekte Zylinderkopfdichtung gehabt haben. Ob dies der Fall ist, ist dem Sachverhalt nicht zu entnehmen.

Gemäß **§ 476** wird bei einem Verbrauchsgüterkauf, d.h. bei einem Kaufvertrag zwischen einem Unternehmer und einem Verbraucher (§ 474 I) grundsätzlich vermutet, dass die Sache bereits **bei Gefahrübergang mangelhaft** war, wenn sich der Mangel innerhalb von 6 Monaten seit Gefahrübergang zeigt.

Verbraucher ist gemäß **§ 13** jede natürliche Person, die ein Rechtsgeschäft zu einem Zweck abschließt, der weder ihrer gewerblichen noch ihrer selbständigen beruflichen Tätigkeit zugerechnet werden kann.

Unternehmer ist nach **§ 14 I** eine natürliche oder juristische Person oder eine rechtsfähige Personengesellschaft, die bei Abschluss eines Rechtsgeschäfts in Ausübung ihrer gewerblichen oder selbständigen beruflichen Tätigkeit handelt.

Vorliegend war der D Verbraucher, der VW-Händler V Unternehmer. Seit der Übergabe des Autos waren erst 2 Tage verstrichen, so dass die Vermutung des § 476 eingreift. Es wird also vermutet, dass die Zylinderkopfdichtung schon zum Zeitpunkt der Übergabe von V an D defekt war. Ein Rücktrittsgrund ist also gegeben.

3. Ein **Ausschluss der Gewährleistung** (z.B. gemäß § 442) ist nicht ersichtlich.

4. Regelmäßig muss der Verkäufer dem Käufer eine angemessene **Frist zur Nacherfüllung** gesetzt haben, § 323 I. Laut Sachverhalt hat der D dem V keine Frist gesetzt.

Gemäß **§ 323 II Nr. 1** ist eine **Fristsetzung** jedoch **entbehrlich**, wenn der Schuldner die Leistung ernsthaft und endgültig verweigert.

Laut Sachverhalt weigert sich der V hartnäckig, für Abhilfe zu sorgen. Also ist die Fristsetzung entbehrlich.

Hinweis: Warum der V sich weigert, ist im Sachverhalt nicht angegeben. Geschieht dies, weil die Nacherfüllung nur mit unverhältnismäßigen Kosten möglich ist, so ist eine Fristsetzung des D nach § 440 S. 1 entbehrlich. Gleiches gilt, wenn die Nacherfüllung fehlgeschlagen ist. Eine Nachbesserung gilt gemäß **§ 440 S.2** nach dem erfolglosen zweiten Versuch grds. als fehlgeschlagen.

5. Ein **Ausschluss des Rücktrittsrechts** (z.B. gemäß § 323 V S. 2, § 323 VI) ist nicht ersichtlich.

6. Eine **Rücktrittserklärung** (§ 349) müsste D noch abgeben.

7. Rechtsfolge des Rücktritts ist gemäß **§ 346 I**, dass die empfangenen Leistungen zurückzugewähren sind. Folglich kann der D von V nach Erklärung des Rücktritts Rückzahlung der gezahlten 29.000 € aus §§ 346 I, 437 Nr. 2, 323 verlangen.

Abwandlung 1

V verkauft und übergibt an D keinen VW, sondern einen seltenen, gebrauchten amerikanischen Sportwagen. Dieser ist schon ca. 4 Jahre alt, hat aber erst 10.000 km gelaufen. Nachdem D die defekte Zylinderkopfdichtung des Wagens bei V moniert hat, erklärt V, er wolle die Reparatur gerne vornehmen, könne dies aber nicht, da es für diesen Wagen keine Ersatzteile mehr gebe. Kann der D nach Erklärung des Rücktritts den Kaufpreis sofort von V zurückverlangen?

D könnte gegen V gemäß §§ 346 I, 437 Nr. 2, 326 V einen Anspruch auf Rückgewähr des Kaufpreises haben.

1. D und V haben einen **wirksamen Kaufvertrag** geschlossen.

2. Ein **Rücktrittsgrund** liegt gemäß § 437 Nr. 2 vor, wenn der Wagen schon bei Gefahrübergang mangelhaft war.

Ein **Sachmangel** ist nach **§ 434 I Satz 1** gegeben, wenn der Wagen die vereinbarte Beschaffenheit nicht hat.

D und V hatten keine Vereinbarung über die Beschaffenheit des Autos getroffen.

Nach **§ 434 I Satz 2 Nr. 2** leidet das Auto jedoch auch dann unter einem Sachmangel, wenn es sich nicht für die *gewöhnliche Verwendung* eignet und nicht eine Beschaffenheit aufweist, die bei Sachen der gleichen Art *üblich* ist und die der Käufer nach der Art der Sache *erwarten* kann.

Ein PKW, dessen Zylinderkopfdichtung defekt ist, eignet sich nicht für den gewöhnlichen Gebrauch. Zwar muss bei älteren Gebrauchtfahrzeugen bereits mit Mängeln gerechnet werden. Ein vier Jahre alter Wagen, der erst 10.000 km gelaufen hat, weist aber nicht die übliche, vom Käufer zu erwartende Beschaffenheit auf. Somit ist das Auto mangelhaft.

Der Mangel müsste bereits **bei Gefahrübergang** vorgelegen haben, darf also nicht erst später bei D entstanden sein.

Gemäß § 446 Satz 1 geht die Gefahr regelmäßig mit der **Übergabe** der Sache auf den Käufer über.

Zu dem Zeitpunkt, als der D den Wagen von V erhielt, müsste der Wagen also schon eine defekte Zylinderkopfdichtung gehabt haben. Ob dies der Fall ist, ist dem Sachverhalt nicht zu entnehmen.

Gemäß **§ 476** wird bei einem Verbrauchsgüterkauf, d.h. bei einem Kaufvertrag zwischen einem Unternehmer und einem Verbraucher (§ 474 I) grundsätzlich vermutet, dass die Sache bereits **bei Gefahrübergang mangelhaft** war, wenn sich der Mangel innerhalb von 6 Monaten seit Gefahrübergang zeigt.

Verbraucher ist gemäß **§ 13** jede natürliche Person, die ein Rechtsgeschäft zu einem Zweck abschließt, der weder ihrer gewerblichen noch ihrer selbständigen beruflichen Tätigkeit zugerechnet werden kann.

Unternehmer ist nach **§ 14 I** eine natürliche oder juristische Person oder eine rechtsfähige Personengesellschaft, die bei Abschluss eines Rechtsgeschäfts in Ausübung ihrer gewerblichen oder selbständigen beruflichen Tätigkeit handelt.

Vorliegend war der D Verbraucher, der Händler V Unternehmer. Seit der Übergabe des Autos waren erst 2 Tage verstrichen, so dass die Vermutung des § 476 eingreift. Es wird also vermutet, dass die Zylinderkopfdichtung schon zum Zeitpunkt der Übergabe von V an D defekt war. Ein Rücktrittsgrund ist also gegeben.

3. Ein **Ausschluss der Gewährleistung** ist nicht ersichtlich.

4. Regelmäßig muss der Verkäufer dem Käufer eine angemessene **Frist zur Nacherfüllung** gesetzt haben, § 323 I. Laut Sachverhalt will D den Kaufpreis sofort zurückverlangen, hat also dem V keine Frist gesetzt. Eine solche

Fristsetzung ist jedoch gemäß **§ 326 V** entbehrlich, wenn der V wegen § 275 I (Unmöglichkeit) nicht leisten muss. In diesem Fall würde das Setzen einer Frist keinen Sinn machen. V kann wegen fehlender Ersatzteile den Wagen nicht reparieren. Unmöglichkeit der Nacherfüllung ist also gegeben. Daher ist eine Fristsetzung hier gemäß § 326 V entbehrlich.

5. Ein **Ausschluss des Rücktrittsrechts** (z.B. gemäß § 323 V S. 2, § 323 VI) ist nicht ersichtlich.

6. Eine **Rücktrittserklärung** (§ 349) müsste D noch abgeben.

7. Rechtsfolge des Rücktritts ist gemäß **§ 346 I**, dass die empfangenen Leistungen zurückzugewähren sind. Folglich kann der D von V nach Erklärung des Rücktritts Rückzahlung des Kaufpreises aus §§ 346 I, 437 Nr. 2, 326 V verlangen.

Abwandlung 2

Die Reparatur der Zylinderkopfdichtung ist möglich und würde 1.500 € kosten. Kann D diesen Betrag von V nach erfolgloser Fristsetzung als Schadensersatz fordern?

D könnte gegen V einen Anspruch aus §§ 437 Nr. 3, 280 I, III, 281 I 1 auf Schadensersatz haben.

1. Ein **wirksamer Kaufvertrag** bestand zwischen D und V.

2. V müsste gemäß § 280 I eine **Pflichtverletzung** begangen haben.

V war gemäß § 433 I 2 zur Lieferung einer mangelfreien Sache verpflichtet. Der Wagen hatte bei Gefahrübergang aber einen **Sachmangel**. Mit der Lieferung des mangelhaften Wagens entgegen § 433 I 2 hat der V also eine Pflicht gemäß § 280 I verletzt.

3. Für ein **Nichtvertretenmüssen** des V nach § 280 I 2 liefert der Sachverhalt keine Anhaltspunkte.

4. Ein **Ausschluss der Gewährleistung** ist nicht ersichtlich.

5. Dem D ist ein **Schaden** entstanden, da der Wagen wegen der defekten Zylinderkopfdichtung weniger wert ist als ohne diesen Mangel.

6. Der D hat dem V gemäß § 281 I 1 erfolglos eine **angemessene Frist** zur Leistung gesetzt.

7. Rechtsfolge ist gemäß **§ 280 I 1**, dass D Schadensersatz in Höhe von 1.500 € fordern kann.

▶ **Literatur**

📖 Skript **Einführung in das Schuldrecht (BT) 1**, S. 7 ff.
📖 Coester-Waltjen, **Jura** 2002, 534 (Grundlagenwissen Kaufrecht)
📖 Röthel, **Jura** 2002, 621 (Methodik Kaufrecht)
📖 Löhnig, **JA** 2002, 557 (Gewährleistung Kauf- + WerkVertrR)

Abwandlung 3

Die V-GmbH ist Autozulieferer und liefert an Großhändler D 500 Stoßstangen. Da D am Tag der Lieferung gerade für drei Wochen in den Urlaub fahren will und keine Zeit hat, stellt er die Lieferung erst einmal in der Lagerhalle ab, ohne sie näher zu begutachten. Als D nach seinem Urlaub einen Blick auf die Stoßstangen wirft, erkennt er sofort, dass die meisten Stoßstangen stark verbeult sind. Diese Beulen waren nachweislich bereits bei der Ablieferung vorhanden. D verlangt nun von V Nachlieferung einwandfreier Stoßstangen. Zu Recht?

D könnte gegen V einen Anspruch auf Nachlieferung einwandfreier Stoßstangen aus §§ 437 Nr. 1, 434, 439 haben.

1. Ein **Kaufvertrag** zwischen D und V liegt vor.

2. Die Stoßstangen müssten **mangelhaft** i.S.d. § 434 sein. Verbeulte Stoßstangen eignen sich nicht für den gewöhnlichen Gebrauch und weisen auch nicht die übliche, vom Käufer zu erwartende Beschaffenheit auf. Somit sind die Stoßstangen gemäß § 434 I 2 Nr. 2 mangelhaft.

Der Mangel müsste bereits **bei Gefahrübergang** vorgelegen haben, darf also nicht erst später bei D entstanden sein.

Gemäß § 446 Satz 1 geht die Gefahr regelmäßig mit der **Übergabe** der Sache auf den Käufer über.

Zu dem Zeitpunkt, als der D die Stoßstangen von V erhielt, müssten diese also schon verbeult gewesen sein. Dies ist laut Sachverhalt der Fall.

3. Die Gewährleistung könnte **ausgeschlossen** sein. Ein Ausschlussgrund aus dem BGB ist nicht ersichtlich. Der Anspruch ist aber gemäß **§ 377 I HGB** ausgeschlossen, wenn dessen Voraussetzungen gegeben sind:

a) Es müsste ein **beiderseitiges Handelsgeschäft** vorliegen.

Handelsgeschäfte sind alle Geschäfte eines Kaufmanns, die zum Betrieb seines Handelsgewerbes gehören, **§ 343 HGB**.

D ist als Großhändler Kaufmann i.S. des § 1 HGB. Die V-GmbH ist Formkaufmann gemäß § 6 II HGB i.V.m. § 13 III GmbHG.

Die von beiden vorgenommenen Geschäfte *gelten* gemäß **§ 344 I HGB** als zum Betrieb ihres Handelsgewerbes gehörig. Ein beiderseitiges Handelsgeschäft ist also gegeben.

b) Die Stoßstangen sind bei D **abgeliefert** worden.

c) Der Mangel müsste **erkennbar** gewesen sein. Dies ergibt sich aus § 377 II HGB. Wie sich nach dem Urlaub des D herausstellte, war der Mangel sofort erkennbar.

d) Die V-GmbH dürfte den Mangel nicht **arglistig verschwiegen** haben, § 377 V HGB. Für ein solches arglistiges Verschweigen liefert der Sachverhalt keine Anhaltspunkte.

e) D müsste es **unterlassen** haben, *unverzüglich* zu **rügen.** Die Frage, wann eine Unverzüglichkeit nicht mehr anzunehmen ist, kann nicht mit Hilfe einer Faustformel gelöst, sondern muss unter Berücksichtigung der Umstände und der Art des Geschäfts beantwortet werden. Bei verderblichen Waren wird die Unverzüglichkeit nur wenige Stunden nach Lieferung gegeben sein. Bei Stoßstangen mag man dies etwas großzügiger sehen. Ein Abwarten von drei Wochen ist aber in jedem Fall zu lang.

4. Die Voraussetzungen des § 377 HGB liegen also vor. Damit gilt die Ware als genehmigt. Folglich ist der Anspruch auf Nachlieferung ausgeschlossen.

5. Ergebnis: D hat keinen Anspruch gegen V auf Nachlieferung gemäß §§ 437 Nr. 1, 434, 439 I.

Fall 6: Augen auf beim Autokauf! Teil 2

▸ **Standort:** Kaufrecht, Unerlaubte Handlungen, AGBen

Dieter (D) hat von Familienkutschen erst einmal die Nase voll. Bei Auto Voss in München kauft er für sich privat einen gebrauchten Ferrari F 40 für 150.000 €. Der Chef des Hauses persönlich, Herr Voss (V), erklärt dem D fahrlässig, der Wagen sei technisch in einem Top-Zustand. Er selbst habe ihn überprüft, was aber tatsächlich nicht stimmt. In den Allgemeinen Geschäftsbedingungen (AGB) auf der Rückseite des Kaufvertrags, auf die V hinweist, steht: „Schadensersatzansprüche aus § 437 Nr. 3 sind ausgeschlossen. Die Verjährung tritt unmittelbar nach Übergabe des PKWs ein". Auf dem Heimweg nach Hamburg stellt D plötzlich fest, dass die Bremsanlage defekt ist und fährt gegen einen Baum. Die Reparaturkosten für den Ferrari belaufen sich auf 30.000 €. D muss im Krankenhaus behandelt werden. Die Behandlung kostet 5.000 €. Nachdem D erfolglos eine Frist zur Nacherfüllung gesetzt hat, verlangt er 35.000 € von V als Schadensersatz. Zu Recht?

I. Anspruch des D auf Ersatz der 30.000 €, §§ 437 Nr.3, 280 I, III, 281 I

1. Kaufvertrag = Schuldverhältnis

2. Pflichtverletzung, § 280 I: Vorliegen eines Mangels gemäß § 434 bei Gefahrübergang (§ 446) -> Mangel gemäß § 434 I 1 (+)

3. Kein Ausschluss der Gewährleistung
   - a) gemäß § 442
   - b) durch die AGB des V
     - aa) Unwirksamkeit des Ausschlusses gemäß § 444
     - bb) Unwirksamkeit des Ausschlusses gemäß § 475
     - cc) Unwirksamkeit des Ausschlusses gemäß § 309 Nr. 8 b)
       - (1) Vorliegen von AGBs, § 305 I
       - (2) Einbeziehung in den Vertrag, § 305 II
       - (3) Ergebnis: AGBs wirksam einbezogen
       - (4) § 309 Nr. 8 b) gilt aber nur für *neu hergestellte* Sachen
     - dd) Ausschluss ist auch keine unangemessene Benachteiligung gemäß § 307 I (Generalklausel)
   - c) Haftungsausschluss ist also wirksam

4. Ergebnis: Kein Anspruch auf 30.000 € aus §§ 280 I, III, 281 I 1

II. Anspruch des D auf Ersatz der 30.000 €, §§ 823 I, 249 II 1 (+)
1. Das Eigentum des D am Ferrari ist verletzt worden (sog. „weiterfressender Mangel“): Nicht das Äquivalenz-, sondern das Integritätsinteresse ist betroffen
2. Handlung des V: V hat dem D einen mangelhaften Wagen geliefert
3. Rechtswidrigkeit (+)
4. Verschulden: Fahrlässigkeit des V (§ 276 II)
5. Ergebnis: Anspruch des D gegen V aus §§ 823 I, 249 II 1 (+)

III. Anspruch des D auf Ersatz der 5.000 €, §§ 437 Nr. 3, 280 I (+)
Behandlungskosten stellen Mangelfolgeschaden dar; Fristsetzung daher nicht erforderlich. Schadensersatzanspruch kann wegen § 309 Nr. 7 a) nicht durch AGBen des V ausgeschlossen werden.

IV. Anspruch des D auf Ersatz der 5.000 €, §§ 823 I, 249 II 1 (+)
Eine Körper- und Gesundheitsverletzung ist bei D gegeben.

I. D könnte gegen V gemäß §§ 437 Nr. 3, 280 I, III, 281 I einen Anspruch auf Schadensersatz in Höhe von 30.000 € haben.

1. D und V haben einen **wirksamen Kaufvertrag** geschlossen.

2. V müsste gemäß § 280 I eine **Pflichtverletzung** begangen haben. V war gemäß § 433 I 2 zur Lieferung einer mangelfreien Sache verpflichtet. Der Ferrari könnte gemäß § 437 Nr. 3 schon bei Gefahrübergang, also gemäß § 446 Satz 1 bei Übergabe, **mangelhaft** gewesen sein.

a) Ein Sachmangel ist nach **§ 434 I Satz 1** gegeben, wenn der Wagen die **vereinbarte Beschaffenheit** nicht hatte.

Beschreibt der Verkäufer bei Vertragsschluss die Eigenschaften der verkauften Sache in einer bestimmten Weise, so werden, wenn der Käufer vor diesem Hintergrund seine Kaufentscheidung trifft, die Erklärungen des Verkäufers ohne weiteres zum Inhalt des Vertrags und damit zum Inhalt der Beschaffenheitsvereinbarung.

Der Ferrari sollte nach Aussage des V technisch in einem Top-Zustand sein. Tatsächlich war jedoch die Bremsanlage defekt, so dass er im Straßenverkehr nicht gefahrlos benutzt werden konnte. Das Vorliegen eines Sachmangels gemäß § 434 I 1 ist also zu bejahen.

b) Zu dem Zeitpunkt, als der D den Wagen von V erhielt, müsste der Wagen schon eine defekte Bremsanlage gehabt haben. Ob dies der Fall ist, ist dem Sachverhalt nicht zu entnehmen.

Gemäß **§ 476** wird bei einem Verbrauchsgüterkauf, d.h. bei einem Kaufvertrag zwischen einem Unternehmer und einem Verbraucher (§ 474 I) grundsätzlich vermutet, dass die Sache bereits **bei Gefahrübergang mangelhaft** war, wenn sich der Mangel innerhalb von 6 Monaten seit Gefahrübergang zeigt.

Verbraucher ist gemäß **§ 13** jede natürliche Person, die ein Rechtsgeschäft zu einem Zweck abschließt, der weder ihrer gewerblichen noch ihrer selbständigen beruflichen Tätigkeit zugerechnet werden kann.

Unternehmer ist nach **§ 14 I** eine natürliche oder juristische Person oder eine rechtsfähige Personengesellschaft, die bei Abschluss eines Rechtsgeschäfts in Ausübung ihrer gewerblichen oder selbständigen beruflichen Tätigkeit handelt.

Vorliegend war der D Verbraucher, der Autohändler V Unternehmer. Seit der Übergabe des Autos (§ 446) waren erst wenige Stunden verstrichen, so dass die Vermutung des § 476 eingreift. Der Ferrari war also bereits bei Gefahrübergang mangelhaft.

c) Mit der Lieferung des mangelhaften Wagens entgegen § 433 I 2 hat der V also eine Pflicht gemäß § 280 I verletzt.

3. Die Gewährleistung könnte **ausgeschlossen** sein.

a) In Betracht kommt ein Ausschluss gemäß **§ 442**. Der Sachverhalt liefert jedoch keine Angaben dazu, dass der D bei Vertragsschluss von der defekten Bremsanlage **Kenntnis** gehabt hat oder ihm dieser Mangel **infolge grober Fahrlässigkeit unbekannt** geblieben ist.

b) Der Schadensersatzanspruch könnte jedoch durch die **Allgemeinen Geschäftsbedingungen** (AGB) des V ausgeschlossen sein.

aa) Die Bedingung **„Schadensersatzansprüche sind ausgeschlossen"** müsste wirksam sein.

(1) Nach **§ 444** könnte der V sich auf diese Bedingung nicht berufen, wenn er den Defekt **arglistig verschwiegen** oder eine **Garantie** für die Beschaffenheit des Wagens, insbesondere bezüglich der Gebrauchstüchtigkeit, übernommen hat. Beide Voraussetzungen sind jedoch nicht erfüllt.

(2) Nach der Vorschrift des **§ 475 I 1**, die bei einem hier vorliegenden Verbrauchsgüterkauf gemäß § 474 I Anwendung findet, kann der Unternehmer sich auf eine zum Nachteil des Verbrauchers abweichende Vereinbarung grundsätzlich nicht berufen. Dies gilt nach **§ 475 III** jedoch nicht für den Ausschluss von **Schadensersatzansprüchen.**

Ob Schadensersatzansprüche wirksam ausgeschlossen wurden, ist nicht an § 475 I, sondern an §§ 307-309 (früher: §§ 9-11 AGBG) zu messen.

§§ 305 ff. müssten **anwendbar** sein. Voraussetzung ist zunächst, dass es sich um Allgemeine Geschäftsbedingungen handelt.

Allgemeine Geschäftsbedingungen sind alle für eine Vielzahl von Verträgen vorformulierten Vertragsbedingungen, die eine Vertragspartei (Verwender) der anderen Vertragspartei bei Abschluss eines Vertrags stellt, § 305 I 1.

Diese Voraussetzungen sind hier erfüllt. AGBs liegen vor.

§ 305 II, III und §§ 308, 309 finden nach **§ 310** insbesondere dann keine Anwendung, wenn die AGBs **gegenüber einem Unternehmer** verwendet werden.

D war kein Unternehmer, so dass die genannten Vorschriften anwendbar sind.

V hatte den D gemäß **§ 305 II Nr. 1** ausdrücklich auf die AGB **hingewiesen** und D hatte gemäß **§ 305 II Nr. 2 die Möglichkeit der Kenntnisnahme**.

Damit sind die AGBs des V Bestandteil des Vertrags geworden.

Die Klausel „Schadensersatzansprüche sind ausgeschlossen" könnte nach **§ 309 Nr. 8 b) aa) unwirksam** sein.

§ 309 Nr. 8 b) bezieht sich jedoch nur auf *neu hergestellte Sachen*.

Hier war der Ferrari aber gebraucht, so dass diese Vorschrift nicht einschlägig ist.

Fraglich ist, ob die Bedingung nach der **Generalklausel** des **§ 307 I** (früher: § 9 AGBG) **unwirksam** ist. Dazu müsste sie den D entgegen den Geboten von Treu und Glauben **unangemessen benachteiligen.** Gegen eine solche Benachteiligung spricht jedoch, dass der Käufer trotz des formularmäßigen Ausschlusses des Schadensersatzanspruchs grundsätzlich nicht schutzlos dasteht.

Gemäß § 444 ist er weiterhin im Falle der Arglist oder einer Garantie des Verkäufers, die er sich von diesem geben lassen kann, geschützt.

Weiter ist zu beachten, dass ein Gebrauchtwagenhändler ein legitimes Interesse daran hat, dass er nicht für Fahrzeuge, deren Zustand er im Detail oft nicht kennt, unbegrenzt schadensersatzpflichtig gemacht wird. Somit benachteiligt der Ausschluss des Schadensersatzanspruchs den D nicht unangemessen. Die Bedingung ist daher wirksam (str., a.A. gut vertretbar).

bb) Fraglich ist, ob die Klausel **„Die Verjährung tritt unmittelbar nach Übergabe ein“** wirksam ist. Nach **§ 438 I Nr. 3** tritt die Verjährung der Gewährleistungsansprüche regelmäßig nach frühestens zwei Jahren ein.

Nach **§ 475 II** ist die **Verkürzung** der Verjährungsfrist auf weniger als **2 Jahre** grundsätzlich **unwirksam.** Eine Ausnahme gilt für **gebrauchte Sachen**, bei denen die Verjährungsfrist auf **1 Jahr** verkürzt werden darf.

V hat die Verjährungsfrist durch die Klausel auf unter ein Jahr verkürzt. Somit ist o.g. Verjährungsklausel unwirksam.

cc) Rechtsfolge ist gemäß **§ 306 I**, dass der Vertrag im Übrigen grundsätzlich wirksam bleibt. Nach **§ 306 II** richtet sich der Inhalt des Vertrags nach den gesetzlichen Vorschriften.

c) Ergebnis: Der Schadenersatzanspruch des D ist durch die AGB-Klausel des V wirksam ausgeschlossen. Ein Anspruch aus §§ 437 Nr. 3, 280 I, III, 281 I 1 besteht demnach nicht.

II. D könnte gegen V einen Anspruch auf Schadensersatz in Höhe von 30.000 € aus §§ 823 I, 249 II 1 haben.

1. Es müsste ein in § 823 I genanntes **Rechtsgut** verletzt worden sein. In Betracht kommt eine Verletzung des **Eigentums** des D *am Ferrari.* Dann müsste das *Integritätsinteresse* und nicht lediglich das *Äquivalenzinteresse* verletzt sein.

Eine Verletzung des **Äquivalenzinteresses** liegt vor, wenn der entstandene Schaden mit dem Unwert, welcher der gekauften Sache wegen des Mangels anhaftet, *stoffgleich* ist.

Bezüglich der defekten *Bremsanlage* ist lediglich das Äquivalenzinteresse verletzt. Im Hinblick auf den gesamten Ferrari ist aber ein weitergehender Schaden entstanden (Auffahrschaden), der mit dem Defekt an der *Bremsanlage* nicht identisch ist. Insoweit liegt eine Verletzung des *Integritätsinteresses* vor. Eine Verletzung des Eigentums am Ferrari ist damit gegeben.

2. Es müsste ein **Handeln** oder Unterlassen des V vorliegen. V hat dem D einen mangelhaften Wagen geliefert.

3. Haftungsbegründende Kausalität: Die Handlung kann nicht hinweggedacht werden, ohne dass der Unfall des D entfiele. Also war die Handlung des V kausal.

4. Rechtfertigungsgründe sind nicht ersichtlich, so dass V rechtswidrig handelte.

5. V handelte fahrlässig, so dass auch ein **Verschulden** gegeben ist. Da die AGBs des V nur den Schadensersatzanspruch aus §§ 437 Nr. 3, 280 I, III, 281 I 1 ausschließen, ist der Anspruch aus § 823 I davon nicht betroffen.

6. Ergebnis: D kann von V gemäß §§ 823 I, 249 II 1 Schadenersatz in Höhe von 30.000 € für die Beschädigung des Ferrari verlangen.

III. D könnte gegen V gemäß §§ 437 Nr. 3, 280 I einen Anspruch auf Schadensersatz in Höhe von 5.000 € (Behandlungskosten) haben.

1. Ein **wirksamer Kaufvertrag** bestand zwischen D und V.

2. V müsste gemäß § 280 I eine **Pflichtverletzung** begangen haben. V war gemäß § 433 I 2 zur Lieferung einer mangelfreien Sache verpflichtet. Der Wagen hatte bei Gefahrübergang aber einen **Sachmangel**. Mit der Lieferung des mangelhaften Wagens entgegen § 433 I 2 hat der V also eine Pflicht gemäß § 280 I verletzt.

3. Für ein **Nichtvertretenmüssen** des V nach § 280 I 2 liefert der Sachverhalt keine Anhaltspunkte.

4. Die **Gewährleistung** könnte durch die AGBen des V **ausgeschlosssen** sein. Das Vorliegen von wirksam einbezogenen AGBen gemäß § 305 wurde oben schon bejaht.

> Ein **Ausschluss** oder eine Begrenzung der Haftung für Schäden aus der Verletzung des Lebens, des Körpers oder der Gesundheit, die auf einer fahrlässigen Pflichtverletzung des Verwenders oder einer vorsätzlichen oder fahrlässigen Pflichtverletzung eines gesetzlichen Vertreters oder Erfüllungsgehilfen des Verwenders beruhen ist jedoch gemäß **§ 309 Nr. 7 a) unwirksam.**

V handelte laut Sachverhalt fahrlässig, so dass der Ausschluss der Gewährleistung unwirksam war.

5. Dem D müsste ein **Schaden** entstanden sein. In Betracht kommt ein sog. *Mangelfolgeschaden.*

Ein **Mangelfolgeschaden** liegt vor, wenn ein Mangel an der gekauften Sache dazu führt, dass eine andere Sache oder ein anderes Rechtsgut des Käufers beschädigt wird.

Vorliegend wurden der *Körper* und die *Gesundheit* des D beschädigt, ein *Mangelfolgeschaden* liegt also vor.

6. Fraglich ist, ob D erfolglos eine **angemessene Frist** zur Leistung setzen musste.

Im Falle eines *Mangelfolgeschadens* kann der Käufer jedoch seinen Schaden als Schadensersatz *neben der Leistung* **ohne jede Fristsetzung** verlangen.

Der D musste dem V also keine Frist setzen.

7. Rechtsfolge ist gemäß **§ 280 I 1**, dass D Schadensersatz in Höhe von 5.000 € fordern kann.

IV. D könnte gegen V einen Anspruch auf Schadensersatz in Höhe von 5.000 € aus §§ 823 I, 249 II 1 haben.

1. Es müsste ein in § 823 I genanntes **Rechtsgut** verletzt worden sein. Durch den Unfall wurden der *Körper* und die *Gesundheit* des D verletzt.

2. Es müsste ein **Handeln** oder Unterlassen des V vorliegen. V hat dem D einen mangelhaften Wagen geliefert.

3. Haftungsbegründende Kausalität: Die Handlung kann nicht hinweggedacht werden, ohne dass die Verletzungen des D entfielen. Also war die Handlung des V kausal.

4. Rechtfertigungsgründe sind nicht ersichtlich, so dass V rechtswidrig handelte.

5. V handelte fahrlässig, so dass auch ein **Verschulden** gegeben ist.

6. Ergebnis: D kann von V gemäß §§ 823 I, 249 II 1 Schadenersatz in Höhe von 5.000 € für die Behandlungskosten verlangen.

▸ Literatur

📖 Skript **Einführung in das Schuldrecht (BT) 1**

📖 Padeck, **Jura** 1990, 92 (Hausarbeit, altes Recht)

📖 Schubel, **JuS** 2002, 313 (Grundlagenwissen Kaufrecht)

Fall 7: Augen auf, auch beim Strümpfekauf!

▸ **Standort:** Kaufrecht, Minderung

Jenny (J) kauft in der Boutique „Valentino“ beim Inhaber V eine Strumpfhose der Marke „Bussard“, Modell „Black Beauty“ im Sonderangebot für 10 €. Zwei Tage später stellt sie fest, dass die Strumpfhose unter der Ferse eine Laufmasche hat. Die Strumpfhose hätte ohne die Laufmasche einen Wert von 20 € gehabt. Wegen der Laufmasche ist sie aber nur 4 € wert. J fordert daher den V auf, die Laufmasche zu beseitigen oder eine einwandfreie Strumpfhose zu liefern. Eine Frist setzt sie nicht. Der V lehnt diese Bitte ab, da sowohl die Beseitigung der Laufmasche als auch die Nachbestellung einer einzelnen Strumpfhose unverhältnismäßig teuer sei. Die J erklärt nun die Minderung und verlangt Rückzahlung von 8 €. Zu Recht?

Anspruch der J auf Rückzahlung, §§ 346, 441 IV, 437 Nr. 2, 434
1. Wirksamer Kaufvertrag zwischen J und V
2. Minderungsgrund: Sachmangel gemäß § 434 I 2 Nr. 2 (+)
3. Vorliegen des Sachmangels bei Gefahrübergang (§ 446)
4. Fristsetzung durch J ausnahmsweise nicht notwendig, § 440 S. 1
5. Kein Ausschluss des Rücktrittrechts gemäß § 323 VI
6. Minderungserklärung der J (+)
7. Berechnung der Minderung gemäß § 441 III

J könnte gegen V gemäß §§ 346, 441 IV, 437 Nr. 2, 434 einen Anspruch auf Rückzahlung von 8 € haben.

1. J und V haben einen **wirksamen Kaufvertrag** geschlossen.

2. Ein **Minderungsgrund** liegt gemäß § 437 Nr. 2 vor, wenn die Strumpfhose schon bei Gefahrübergang, also gemäß § 446 Satz 1 bei Übergabe, mangelhaft gewesen ist.

a) Ein **Sachmangel** ist nach **§ 434 I Satz 1** gegeben, wenn die Strumpfhose die vereinbarte Beschaffenheit nicht hat. J und V hatten keine Vereinbarung über die Beschaffenheit der Strumpfhose getroffen. Nach § 434 I Satz 2 Nr. 2 leidet die Strumpfhose jedoch auch dann unter einem Sachmangel, wenn sie sich nicht für die *gewöhnliche Verwendung* eignet und nicht eine Beschaffenheit aufweist, die bei Sachen der gleichen Art *üblich* ist und die der Käufer nach der Art der Sache *erwarten* kann.

Eine Strumpfhose mit einer Laufmasche eignet sich nicht für die gewöhnliche Verwendung und weist auch nicht die übliche, vom Käufer zu erwartende Beschaffenheit auf. Somit war die Strumpfhose mangelhaft.

Hinweis: Gut vertretbar ist es, einen Sachmangel gemäß § 434 I Satz 1 mit der Begründung zu bejahen, dass bei einer *neuen* Strumpfhose das Nichtvorhandensein einer Laufmasche *konkludent vereinbart* worden ist.

b) Die Laufmasche müsste schon **bei Gefahrübergang** vorhanden gewesen sein. Zu dem Zeitpunkt, als die J die Strumpfhose von V erhielt (Übergabe, § 446), müsste die Strumpfhose also schon eine Laufmasche gehabt haben. Ob dies der Fall ist, ist dem Sachverhalt nicht zu entnehmen.

Gemäß **§ 476** wird bei einem Verbrauchsgüterkauf, d.h. bei einem Kaufvertrag zwischen einem Unternehmer und einem Verbraucher (§ 474 I) grundsätzlich vermutet, dass die Sache bereits **bei Gefahrübergang mangelhaft** war, wenn sich der Mangel innerhalb von 6 Monaten seit Gefahrübergang zeigt.

Vorliegend war die J Verbraucherin, der V Unternehmer. Seit der Übergabe der Strumpfhose waren weniger als 6 Monate verstrichen, so dass die Vermutung des § 476 eingreift. Die Strumpfhose war also bereits bei Gefahrübergang mangelhaft.

3. Fristsetzung

Daraus, dass der Käufer gemäß § 441 I Satz 1 nur **„statt“** des Rücktritts die Minderung erklären kann folgt, dass der Käufer wie beim Rücktritt nach § 323 I im Regelfall eine **Frist setzen** muss. Gewährleistungsansprüche können grundsätzlich erst geltend gemacht werden, nachdem die Frist erfolglos verstrichen ist.

Laut Sachverhalt hat die J eine solche Frist nicht gesetzt.

Gemäß **§ 440 Satz 1** ist eine **Fristsetzung** jedoch **entbehrlich**, wenn der Verkäufer die Beseitigung des Mangels und die Nachlieferung einer mangelfreien Sache aus dem Grund verweigert, dass dies nur mit unverhältnismäßigen Kosten möglich ist.

Laut Sachverhalt sieht der V gemäß § 439 III keine Möglichkeit, für Abhilfe zu sorgen. Also war die Fristsetzung entbehrlich.

4. Die J ist für die Laufmasche nicht allein oder weit überwiegend verantwortlich. Ein **Ausschluss des Rücktritts** gemäß § 323 VI kommt daher nicht in Betracht.

5. Die Minderung ist ein Gestaltungsrecht. Die notwendige **Minderungserklärung** (§ 441 I 1) hat die J abgegeben. Darauf, ob V mit der Minderung einverstanden war, kommt es nicht an.

6. Durch die Minderung wird gemäß **§ 441 III** der Kaufpreis in dem Verhältnis herabgesetzt, in welchem zur Zeit des Vertragsschlusses der Wert der Sache in mangelfreiem Zustand zu dem wirklichen Wert gestanden haben würde.

$$\text{Geminderter Kaufpreis} = \frac{\text{Wert mit Mangel X vereinbarter Kaufpreis}}{\text{Wert ohne Mangel}}$$

Geminderter Kaufpreis = (4 X 10): 20 = 2 €. Da die J bereits 10 € gezahlt hat, kann sie gemäß §§ 346, 441 IV, 437 Nr. 2, 434 Rückzahlung von 8 € fordern.

Hinweis: In einer Klausur, in der das Thema „Minderung" behandelt wird, sind stets drei Fragen auseinander zu halten:

-> Kann der Käufer mindern? -> §§ 437 Nr. 2, 434, 441
-> Kann der Käufer nach Erklärung der Minderung Rückzahlung des zuviel gezahlten Kaufpreises verlangen? -> §§ 346, 441 IV, 437 Nr. 2, 434
-> Kann der Verkäufer vom Käufer trotz Minderungserklärung weiterhin Zahlung des vollen, noch nicht gezahlten Kaufpreises verlangen? Dazu *Abwandlung 1!*

Abwandlung 1

Die J kauft die Strumpfhose bei V, jedoch verzichtet der V auf eine sofortige Bezahlung, da die J Stammkundin ist. Nachdem J die Laufmasche entdeckt hat, erklärt sie die Minderung. V verlangt trotzdem Zahlung des vollen Kaufpreises von 10 €. Muss J die 10 € zahlen?

V könnte gegen J einen Anspruch auf Zahlung der 10 € aus § 433 II haben.

I. Anspruch entstanden? Der Anspruch auf Kaufpreiszahlung ist entstanden, wenn ein wirksamer *Kaufvertrag* zwischen V und J geschlossen wurde. Das ist der Fall.

II. Anspruch untergegangen? Ein Untergang ist nicht ersichtlich.

III. Anspruch durchsetzbar? Der Anspruch ist in Höhe von 10 Euro nicht durchsetzbar, wenn J erfolgreich die Minderung erklärt hat.

1. Wie schon festgestellt, lag ein **Sachmangel bei Gefahrübergang** vor.

2. Ein **Ausschluss der Gewährleistung** ist nicht ersichtlich.

3. Eine **Frist** musste J nicht setzen (s.o.).

4. Ein **Ausschluss** gemäß **§ 323 VI** ist nicht ersichtlich.

5. Eine **Minderungserklärung** (§ 441 I 1) hat J abgegeben. Darauf, ob V mit der Minderung einverstanden war, kommt es nicht an.

6. Ergebnis: J hat den Kaufpreis (10 €) durch ihre Erklärung erfolgreich gemindert. Daher ist der Kaufpreis in Höhe von 8 € nicht durchsetzbar. Also kann V nur die restlichen 2 € aus § 433 II von J verlangen.

▸ Literatur

📖 Skript **Einführung in das Schuldrecht (BT) 1**, S. 7 ff.

📖 Saenger, **JuS** 2002, 970 (Klausur zum Kaufrecht)

Fall 8: Kaffeefahrt zur Mosel

▸ **Standort:** Verbraucherschutz, Haustürgeschäfte

Opa Friedhelm (F) findet im trüben Dezember folgende Werbepostkarte in seinem Briefkasten: „Lustiger Ausflug mit dem Reisebus zur Mosel für nur 10 €. Teilnehmer erhalten 1 Flasche Wein, 500 g Brot und 250 g Leberwurst gratis!". F fährt mit, gerät in Hochstimmung und lässt sich deshalb auf der Verkaufsveranstaltung vor Ort vom Veranstalter V dazu animieren, ein sehr rundes Kochtopf-Set der Marke „Schissler", Modell „Colani" für 399 € sowie eine Packung Knoblauchkapseln für 49 € zu kaufen. Eine Widerrufsbelehrung erhält er nicht. 5 Monate später schenkt seine Tochter ihm zum Geburtstag ebenfalls Knoblauchkapseln. F erklärt dem V schriftlich den Widerruf und möchte wissen, ob er jetzt die originalverpackten Kapseln gegen Erstattung der 49 € zurückgeben kann.

Anspruch des F auf Rückzahlung, §§ 346 I, 357 I 1, 355 I 1, 312 I 1

1. Widerrufsrecht des F aus § 312 I 1 (+)
   a) V ist Unternehmer (§ 14) , der F Verbraucher (§ 13)
   b) Vorliegen einer Freizeitveranstaltung
2. Ausschluss des Widerrufsrechts gemäß § 312 III Nr. 2 (-)
3. Form- und fristgerechte Widerrufserklärung des F (+)
   a) Textform des § 355 I 2
   b) Frist: 2 Wochen; Fristbeginn aber erst nach Widerrufsbelehrung
   c) Erlöschen des Widerrufsrechts nach spätestens 6 Monaten
4. Ergebnis: F kann Rückzahlung gemäß § 346 verlangen

F könnte gegen V einen Anspruch auf Rückgewähr der 49 € aus 346 I, 357 I 1, 355 I 1, 312 I 1 haben.

F müsste dazu seine auf der Verkaufsveranstaltung abgegebene Willenserklärung wirksam **widerrufen** haben. Voraussetzung hierfür ist, dass ihm als Verbraucher durch Gesetz ein Widerrufsrecht eingeräumt worden ist, § 355 I 1.

1. Ein solches Widerrufsrecht könnte sich aus **§ 312 I 1** ergeben.

a) Der **Unternehmer** V (§ 14) und der **Verbraucher** F (§ 13) haben gemäß § 312 I 1 über das Kochtopf-Set und die Kapseln einen Kaufvertrag und damit einen Vertrag geschlossen, der eine **entgeltliche Leistung** zum Gegenstand hatte.

b) Der F müsste gemäß § 312 I 1 Nr. 2 anlässlich einer **„Freizeitveranstaltung"** zum Abschluss des Kaufvertrags bestimmt worden sein.

Unter einer **Freizeitveranstaltung** versteht man gewerblich motivierte Veranstaltungen, bei denen Freizeitangebot und Verkaufsveranstaltung organisatorisch so miteinander verbunden werden, dass der Kunde in freizeitlich unbeschwerte Stimmung versetzt wird.

Ursächlich für den Kauf der Kochtöpfe war bei F laut Sachverhalt seine durch Teilnahme an der Veranstaltung hervorgerufene positive Stimmung. Immer dann, wenn ein enger Bezug zwischen der Veranstaltung und dem Vertrag gegeben ist, spricht eine *Vermutung* dafür, dass der Verbraucher anlässlich der Veranstaltung zum Abschluss des Vertrags bestimmt worden ist. F ist also zu seiner Willenserklärung zum Abschluss des Kaufvertrags anlässlich einer Freizeitveranstaltung bestimmt worden.

2. Das Widerrufsrecht könnte **ausgeschlossen** sein.

Ein Ausschluss nach **§ 312 III Nr. 2** ist gegeben, wenn das Entgelt **40 €** nicht übersteigt und die Leistung bei Abschluss der Verhandlungen *sofort erbracht und bezahlt* wird.

Vorliegend bezahlte der F 49 € für die Kapseln. Ein Ausschluss des Widerrufsrechts ist damit nicht gegeben.

Tipp: Hätten die Kapseln nur 39 € gekostet, so würde § 312 III Nr. 2 bezüglich der Kapseln eingreifen, da die Grenze von 40 € unterschritten wäre. Zu diskutieren wäre aber dann die Frage, ob das Kochtopfset (399 €) und die Kapseln (39 €) nicht zusammen gerechnet werden müssen (= 438 €). Dies kann mit der Begründung verneint werden, dass für das Kochtopfset und die Knoblauchkapseln jeweils ein selbständiger Vertrag geschlossen wurde, so dass beide Verträge getrennt betrachtet werden müssen.

3. Die Widerrufserklärung des F muss **form- und fristgerecht** erfolgt sein.

a) Nach **§ 355 I 2** muss der Widerruf **in Textform** erfolgen. F hat den Widerruf schriftlich und damit in Textform erklärt.

b) Nach **§ 355 I 2** muss der Widerruf innerhalb von **zwei Wochen** erklärt werden. F hat sich erst nach 5 Monaten bei V gemeldet. Fraglich ist aber, ob die Frist überhaupt schon begonnen hatte.

Nach § 355 II 1 beginnt die Frist erst, nachdem dem Verbraucher eine ordnungsgemäße **Widerrufsbelehrung** mitgeteilt worden ist.

F hat eine solche Widerrufserklärung nicht erhalten. Folglich ist noch kein Fristbeginn gegeben.

c) Nach **§ 355 III erlischt** das Widerrufsrecht jedoch **spätestens 6 Monate nach Vertragsschluss**. Vorliegend waren allerdings erst 5 Monate verstrichen, so dass das Widerrufsrecht noch nicht erloschen ist. Somit erfolgte die Widerrufserklärung des F form- und fristgerecht.

4. Rechtsfolge ist gemäß § 357 I 1, dass der F entsprechend § 346 I die gezahlten 49 Euro zurückverlangen kann.

Abwandlung 1

Der F fährt nicht zur Mosel, sondern bittet den V, ihm in seiner (F's) Wohnung die neuesten Küchenhelfer zu präsentieren. F ist vom Funkuhr-Eierkocher „Just in time“ so begeistert, dass er ihn sofort für 120 € kauft und bezahlt. Am nächsten Tag bereut er den Kauf und erklärt den Widerruf. Kann F die 120 € zurückverlangen?

F könnte gegen V einen Anspruch auf Rückgewähr der 120 € aus 346 I, 357 I 1, 355 I 1, 312 haben.

1. Fraglich ist, ob ihm ein **Widerrufsrecht aus § 312 I 1** zusteht.

F ist gemäß § 312 I 1 Nr. 1 zum Abschluss des Vertrags im Bereich seiner Privatwohnung bestimmt worden.

2. Das Widerrufsrecht ist gemäß **§ 312 III Nr. 1 ausgeschlossen**, wenn die Verhandlungen, auf denen der Abschluss des Vertrags beruht, auf **vorhergehende Bestellung** des F geführt worden sind.

Eine **vorhergehende Bestellung** liegt nur dann vor, wenn der Verbraucher den Unternehmer zu konkreten Vertragsverhandlungen und nicht bloß zu einer Warenpräsentation oder Information in seine Wohnung bestellt.

F hatte den V nur zu Präsentationszwecken zu sich bestellt, so dass der Ausschlussgrund des § 312 III Nr. 1 nicht eingreift.

3. Die Widerrufserklärung des F ist **form- und fristgerecht** erfolgt.

4. Rechtsfolge ist gemäß § 357 I 1, dass der F entsprechend § 346 I die gezahlten 120 € zurückverlangen kann.

Abwandlung 2

Der F erwirbt den Eierkocher aus *Abwandlung 1* nicht persönlich von V, sondern bestellt ihn im Online-Shop des V, indem er ihn in den „Warenkorb" legt und auf den Button „Bestellung absenden" klickt. Nach Eintreffen der Lieferung bereut F den Kauf und er erklärt den Widerruf. Ist ein Vertrag geschlossen worden? Kann F die 120 € zurückverlangen?

F könnte gegen V einen Anspruch auf Rückgewähr der 120 € aus 346 I, 357 I 1, 355 I 1, 312 d I 1 haben.

1. Es müsste ein **Vertrag** geschlossen worden sein. Ein Vertrag kommt durch zwei übereinstimmende Willenserklärungen zustande, nämlich Angebot und Annahme. Der F hat ein Angebot gemäß § 145 abgegeben, indem er auf „Bestellung absenden" klickte. V hat dieses Angebot konkludent angenommen, indem er den Eierkocher zum Versand brachte. Da eine Benachrichtigung des Käufers im Versandhandel nicht üblich ist, war der *Zugang* seiner Annahmeerklärung gemäß § 151 entbehrlich. Ein Kaufvertrag wurde also geschlossen.

Hinweis: Stellt man nicht auf § 151 ab, so würde dem F die konkludente Annahmeerklärung des V spätestens mit Eintreffen des Eierkochers zugehen.

2. Fraglich ist, ob dem F ein **Widerrufsrecht aus § 312 d I** zusteht. Dann müsste F einen *Fernabsatzvertrag* mit V geschlossen haben. Eine Legaldefinition des Fernabsatzvertrages findet sich in **§ 312 b I**.

Fernabsatzverträge sind Verträge über die Lieferung von Waren oder über die Erbringung von Dienstleistungen, die zwischen einem Unternehmer und einem Verbraucher unter ausschließlicher Verwendung von *Fernkommunikationsmitteln* abgeschlossen werden, es sei denn, dass der Vertragsschluss nicht im Rahmen eines für den Fernabsatz organisierten Vertriebs- oder Dienstleistungssystems erfolgt.

Fernkommunikationsmittel sind gemäß § 312 b II Kommunikationsmittel, die zur Anbahnung oder zum Abschluss eines Vertrags zwischen einem Verbraucher und einem Unternehmer ohne gleichzeitige körperliche Anwesenheit der Vertragsparteien eingesetzt werden können, insbesondere Briefe, Kataloge, Telefonanrufe, Telekopien, E-Mails sowie Rundfunk, Tele- und Mediendienste.

Vorliegend hat der Verbraucher (§ 13) F mit dem Unternehmer (§ 14) V ohne gleichzeitige körperliche Anwesenheit online über das Internet einen Kaufvertrag über die Lieferung des Eierkochers geschlossen. Ein Fernabsatzvertrag i.S.d. § 312 b I wurde also geschlossen. Demnach hat der F ein Widerrufsrecht gemäß § 312 d I 1.

3. Form und Frist
Bezüglich der Form ist § 355 I 2 (Textform, § 126 b), bezüglich der Frist § 312 d II zu beachten.

4. Ergebnis: Wenn F umgehend von seinem Widerrufsrecht Gebrauch macht, kann er die 120 € zurückverlangen.

Abwandlung 3

Der F erwirbt den Eierkocher aus *Abwandlung 1* nicht online, sondern vor Ort persönlich bei Karstadt. Um den Kaufpreis von 120 € zahlen zu können, entschließt F sich, ein Darlehen über diese Summe bei der Karstadt-Bank zum günstigen Zinssatz von 0,9 % aufzunehmen. Am nächsten Tag fragt F seinen Anwalt, ob er sich vom Kauf- und Darlehensvertrag wieder lösen kann.

I. Darlehensvertrag: Dem F könnte ein Widerrufsrecht gemäß §§ 495 I, 355 zustehen.

1. Es müsste ein Verbraucherdarlehensvertrag vorliegen.

Verbraucherdarlehensverträge sind in § 491 I legaldefiniert als entgeltliche Darlehensverträge (§ 488) zwischen einem Unternehmer (§ 14) als Darlehensgeber und einem Verbraucher (§ 13) als Darlehensnehmer.

Vorliegend überließ die Karstadt-Bank dem F die 120 € und F verpflichtete sich dazu, die entsprechenden Zinsen zu zahlen. Ein entgeltlicher Darlehensvertrag im Sinne des § 488 liegt also vor. F kaufte den Eierkocher privat als Verbraucher (§ 13), die Karstadt-Bank handelte als Unternehmerin (§ 14). Ein Verbraucherdarlehensvertrag liegt demnach vor.

2. Die Anwendbarkeit des § 495 könnte gemäß **§ 491 II Nr. 1 ausgeschlossen** sein.

§ 495 findet keine Anwendung auf Verbraucherdarlehensverträge, bei denen das auszuzahlende Darlehen (Nettodarlehensbetrag) **200 Euro nicht übersteigt**, § 495 II Nr. 1.

Das auszuzahlende Darlehen (120 €) überstieg 200 € nicht. Folglich ist § 495 nicht anwendbar.

3. Ergebnis: Dem F steht kein Widerrufsrecht nach § 495 I zu.

II. Kaufvertrag: F ist an seine auf den Abschluss des Kaufvertrags gerichtete Willenserklärung nicht mehr gebunden, wenn ein *verbundenes Geschäft* vorliegt und F seine auf den Abschluss des Verbraucherdarlehnsvertrags gerichtete Willenserklärung wirksam widerrufen hat, § 358 II.

Ein Vertrag über die Lieferung einer Ware oder die Erbringung einer anderen Leistung und ein Verbraucherdarlehensvertrag sind **verbunden**, wenn das Darlehen ganz oder teilweise der Finanzierung des anderen Vertrags dient und beide Verträge eine **wirtschaftliche Einheit** bilden. Eine wirtschaftliche Einheit ist insbesondere anzunehmen, wenn der Unternehmer selbst die Gegenleistung des Verbrauchers finanziert, oder im Fall der Finanzierung durch einen Dritten, wenn sich der Darlehensgeber bei der Vorbereitung oder dem Abschluss des Verbraucherdarlehensvertrags der Mitwirkung des Unternehmers bedient, **§ 358 III.**

Vorliegend erhielt der F das Darlehen, damit er den Kaufpreis für den Eierkocher bezahlen konnte. Folglich besteht eine *wirtschaftliche Einheit* zwischen dem Darlehens- und dem Kaufvertrag. Beide Verträge sind demnach miteinander *verbunden.*

Wie bereits gezeigt, kann F den Darlehensvertrag nicht gemäß § 495 I widerrufen. Also wird auch seine auf Abschluss des Kaufvertrags gerichtete Willenserklärung nicht gemäß § 358 II 1 unwirksam.

▸ Literatur

📖 Dethloff, **Jura** 2003, 731; 798 (Grundfälle zum Internet-Einkauf)

Fall 9: Der schlampige Dachdecker

▸ **Standort:** WerkvertragsR, Schadens- und Aufwendungsersatz

Heinz Schubert (S) lässt das Dach seines Bungalows von Dachdecker D1 neu decken. Bereits beim ersten Regen dringt Wasser durch das Dach. Daraufhin setzt S dem D1 am 20.08. für die Mängelbeseitigung eine Frist bis 12.09. D1 reagiert aber nicht. Am 13.09. lässt S das Dach durch einen anderen Dachdecker, den D2, für 1.000 € reparieren. Dabei muss die Satellitenschüssel des S durch eine Elektrofirma ab- und wieder anmontiert werden. Kosten: 240 €. S fragt, ob er die 1.000 € und die 240 € von D1 ersetzt verlangen kann.

I. Anspruch des S auf Aufwendungsersatz, §§ 634 Nr. 2, 637 I

1. Wirksamer Werkvertrag (+)
2. Sachmangel gemäß § 633 II 2 Nr. 2 (+)
3. Voraussetzungen des § 637
   a) Angemessene Fristsetzung (+)
   b) Erfolgloser Ablauf der Frist (+)
   c) Kein Eingreifen des § 635 III (+)
4. Rechtsfolge: Aufwendungsersatz (+)

II. Anspruch des S auf Schadensersatz, §§ 634 Nr. 4, 280 I, III, 281 I

1. Wirksamer Werkvertrag (+)
2. Pflichtverletzung des D 1 gemäß § 280 I 1 -> Sachmangel (+)
3. Ausschluss der Gewährleistung, § 640 II (-)
4. Vertretenmüssen des D1, § 280 I 2 (+)
5. Schaden des S (+)
6. Erfolglose Fristsetzung durch S, § 281 I 1
7. Rechtsfolge: Schadensersatz (+)

I. S könnte gegen D1 einen Anspruch auf Aufwendungsersatz aus §§ 634 Nr. 2, 637 I haben.

1. S und D1 haben einen **wirksamen Werkvertrag** geschlossen.

2. Das Werk des D1 müsste unter einem **Sachmangel** leiden.

Ein Sachmangel ist gemäß **§ 633 II 1** gegeben, wenn das Werk die vereinbarte Beschaffenheit nicht hat.

D1 und S hatten jedoch keine ausdrückliche Vereinbarung über die Beschaffenheit des von D1 neu zu deckenden Dachs getroffen.

Ist eine Beschaffenheit nicht vereinbart, so ist gemäß **§ 633 II 2 Nr. 1** das Werk mangelhaft, wenn es sich nicht für die nach dem **Vertrag vorausgesetzte Verwendung** eignet. Ist auch das nicht der Fall, kommt es darauf an, ob das Werk sich nach **§ 633 II 2 Nr. 2** für die **gewöhnliche Verwendung** eignet.

Der Vertrag hatte keine *besondere Verwendung* vorausgesetzt, so dass es darauf ankommt, ob das Dach sich für die *gewöhnliche Verwendung* eignet und eine Beschaffenheit aufweist, die bei Werken der gleichen Art üblich ist und die der Besteller nach der Art des Werks erwarten kann. Das von D1 gedeckte Dach schützt jedoch nicht vor Regenwasser und eignet sich daher nicht für die gewöhnliche Verwendung. Ein Dach, das Wasser durchlässt, weist auch nicht die Beschaffenheit auf, die bei Werken der gleichen Art üblich ist und die der Besteller erwarten kann. Daher leidet es unter einem Sachmangel.

3. Es müssten die Voraussetzungen des **§ 637** erfüllt sein.

a) S müsste eine **angemessene Frist** zur Nacherfüllung gesetzt haben. S hat den D1 am 20.08. aufgefordert, bis zum 12.09. den Mangel am Dach zu beseitigen. S hat also eine Frist gesetzt.

Angemessen ist eine Frist dann, wenn sie dem Schuldner eine letzte Möglichkeit gibt, seine Leistung zu erbringen.

Vorliegend hatte der D1 drei Wochen Zeit, um den Mangel zu beseitigen. In dieser Zeit hätte er auch unter Berücksichtigung seiner sonstigen Verpflichtungen den Mangel beseitigen können. Daher ist die Frist ist als angemessen anzusehen.

b) Der D1 hatte am 12.09. nicht geleistet, so dass die **Frist erfolglos abgelaufen** ist.

c) Der D1 hat die Nacherfüllung auch nicht nach **§ 635 III** wegen **unverhältnismäßiger Kosten** zu Recht verweigert. Damit sind die Voraussetzungen des § 637 erfüllt.

4. Rechtsfolge des **§ 637 I** ist, dass S Ersatz der erforderlichen **Aufwendungen** verlangen kann. Ersetzt werden nach § 637 I alle Nachteile, die im Rahmen der *Vorbereitung* und *Durchführung* der Mängelbeseitigung typischerweise entstehen, also auch die Kosten, die durch das Ab- und Anmontieren der Sat-Schüssel entstanden sind. S kann also von D1 die Dachreparatur-, und die Antennenmontagekosten gemäß §§ 634 Nr. 2, 637 I ersetzt verlangen.

II. S könnte gegen D1 einen Anspruch auf Schadenersatz aus §§ 634 Nr. 4, 280 I, III, 281 I 1 haben.

1. S und D1 haben einen **Werkvertrag** geschlossen.

2. Der D1 müsste nach **§ 280 I 1** eine **Pflicht** aus dem Schuldverhältnis **verletzt** haben. Wie schon festgestellt, ist der D1 seiner Pflicht aus § 633 I, ein mangelfreies Werk herzustellen, nicht nachgekommen. Eine Pflichtverletzung ist damit gegeben.

3. Die Gewährleistung könnte gemäß **§ 640 II ausgeschlossen** sein. Das ist der Fall, wenn S die Undichtigkeit des Dachs *kannte* und es trotzdem von D1 vorbehaltlos abgenommen hat. § 640 II müsste anwendbar sein.

§ 640 II verweist jedoch nur auf die Nummern 1 bis 3 des § 634. Nur diese Ansprüche werden daher bei Kenntnis des Bestellers, der das Werk vorbehaltlos abnimmt, ausgeschlossen. Deshalb ist § 640 II auf den Schadensersatzanspruch aus § 634 Nr. 4 nicht anwendbar.

Vorliegend hatte S bei der Abnahme des Dachs keine Kenntnis von dem Mangel. Ein Ausschluss gemäß § 640 II kommt daher schon aus diesem Grunde nicht in Betracht.

4. Der D1 muss gemäß **§ 280 I 2** beweisen, dass er die Pflichtverletzung **nicht zu vertreten** hat. Der Sachverhalt liefert jedoch keine Angaben für ein Nichtvertretenmüssen des D1. Der Ausschlussgrund des § 280 I 2 greift damit nicht ein.

5. Dem S ist aufgrund des mangelhaften Werks ein **Schaden** entstanden.

6. Der S müsste dem D1 gemäß § 281 I 1 eine **angemessene Frist** zur Leistung gesetzt haben und diese Frist müsste **erfolglos abgelaufen** sein. S hat den D1 am 20.08. aufgefordert, bis zum 12.09. den Mangel am Dach zu beseitigen. S hat also eine Frist gesetzt.

Angemessen ist eine Frist dann, wenn sie dem Schuldner eine letzte Möglichkeit gibt, seine Leistung zu erbringen.

Vorliegend hatte der D1 drei Wochen Zeit, um den Mangel zu beseitigen. In dieser Zeit hätte er auch unter Berücksichtigung seiner sonstigen Verpflichtungen den Mangel beseitigen können. Daher ist die Frist als angemessen anzusehen. D1 hat am 12.09. nicht geleistet. Die Nachfrist ist damit erfolglos abgelaufen.

7. Rechtsfolge der §§ 634 Nr. 4, 280 I, III, 281 I 1 ist, dass S von D1 den **hierdurch entstandenen Schaden** ersetzt verlangen kann. Somit kann S die Reparatur-, und Antennenmontagekosten von D1 als Schadensersatz gemäß §§ 634 Nr. 4, 280 I, III, 281 I 1 verlangen.

▸ Literatur

📖 Skript **Einführung in das Schuldrecht (BT) 1**

📖 Teichmann, **JuS** 2002, 417 (Grundlagenwissen Werkvertragsrecht)

📖 von Koppenfels, **JA** 2002, 861 (Klausur)

Fall 10: Die defekte Tankanzeige

▸ **Standort:** WerkvertragsR, Mangelfolgeschaden

Hobbypilot P fliegt mit seinem Flugzeug. Dummerweise hat der Monteur M, der in der Flugzeugwerkstatt der Beate Winkler (W) angestellt ist, beim Einbau des Tankanzeigegeräts fahrlässig die Anschlüsse vertauscht, so dass dieses ständig einen vollen Tank anzeigt. P verlässt sich völlig auf die Tankanzeige, bis er schließlich notlanden muss. Dabei wird das Flugzeug im Wert von 210.000 € völlig zerstört. Diesen Betrag möchte P von W ersetzt haben. Zu Recht?

I. Anspruch des S auf Schadensersatz, §§ 634 Nr. 4, 280 I

1. Wirksamer Werkvertrag (+)
2. Pflichtverletzung der W, § 280 I 1 -> Sachmangel des Werks, § 633 II
3. Ausschluss der Gewährleistung (-)
4. Vertretenmüssen der W auch für Erfüllungsgehilfen M (+)
5. Rechtsfolge: Ersatz des Mangelfolgeschadens durch W (+)
6. Minderung des Anspruchs wegen Mitverschuldens des P, § 254 I
7. Ergebnis: Wegen Mitverschuldens hat P nur auf 140.000 € Anspruch

II. Anspruch des S auf Schadensersatz, §§ 823 I, 249 II 1

1. Rechtsgutsverletzung: Eigentum des P am Flugzeug -> Abgrenzung Äquivalenz-/Integritätsinteresse; Kriterium: Stoffgleichheit
2. Handeln des M ist der W nicht gemäß § 278 zurechenbar
3. Ergebnis: Anspruch aus § 823 I (-)

III. Anspruch des S auf Schadensersatz, § 831

1. M ist Verrichtungsgehilfe der W
2. Tatbestandsmäßige, unerlaubte Handlung des M (+)
   a) Eigentumsverletzung
   b) Handlung des M: Vertauschen der Anschlüsse
   c) Kausalität
   d) Keine Rechtfertigungsgründe
3. M handelte in Ausführung der Verrichtung, nicht bloß bei Gelegenheit
4. Verschulden der W wird mangels Entlastungsbeweis vermutet
5. Rechtsfolge: Schadensersatz der W (+)

I. P könnte gegen W einen Anspruch aus §§ 634 Nr. 4, 280 I auf Schadensersatz in Höhe von 210.000 € haben.

1. P und W haben einen **wirksamen Werkvertrag** gemäss **§ 631** geschlossen.

2. Die W müsste nach **§ 280 I 1** eine **Pflicht** aus dem Schuldverhältnis **verletzt** haben. W hat ihre Pflicht aus § 633 I - Herstellung eines mangelfreien Werks – verletzt, wenn das Werk einen Mangel gemäß § 633 II hatte. Ein **Sachmangel** ist gemäß **§ 633 II 1** gegeben, wenn das Werk die vereinbarte Beschaffenheit nicht hat.

P und W hatten jedoch keine ausdrückliche Vereinbarung über die Beschaffenheit des Tankanzeiger-Einbaus getroffen.

Ist eine Beschaffenheit nicht vereinbart, so ist gemäß **§ 633 II 2 Nr. 1** das Werk mangelhaft, wenn es sich nicht für die nach dem *Vertrag vorausgesetzte* Verwendung eignet. Ist dies nicht der Fall, ist zu prüfen, ob es sich nach **§ 633 II 2 Nr. 2** für die *gewöhnliche Verwendung* eignet.

Der Vertrag hatte keine *besondere Verwendung* vorausgesetzt, so dass es darauf ankommt, ob der Einbau des Tankanzeigers sich für die *gewöhnliche Verwendung* eignete und eine Beschaffenheit aufwies, die bei Werken der gleichen Art üblich ist und die der Besteller nach der Art des Werks erwarten kann.

Der M hatte die Tankanzeige jedoch unrichtig angeschlossen, so dass das Flugzeug nicht mehr gefahrlos geflogen werden konnte. Damit war der Einbau für die gewöhnliche, üblicherweise zu erwartende Verwendung nicht geeignet. Ein Sachmangel liegt damit vor. Eine Pflichtverletzung ist demnach gegeben.

3. Ein **Ausschluss der Gewährleistung** ist nicht ersichtlich.

4. Die W muss gemäß **§ 280 I 2** beweisen, dass sie die Pflichtverletzung **nicht zu vertreten** hat. W muss sich dabei gemäß **§ 278** ein Verschulden des M *zurechnen* lassen, wenn dieser **Erfüllungsgehilfe** war.

Erfüllungsgehilfe ist, wer mit *Wissen* und *Wollen* des Schuldners für diesen in dessen *Pflichtenkreis* tätig wird.

Diese Voraussetzung ist bei M gegeben. M handelte auch in Erfüllung der Verbindlichkeit und nicht nur bei *Gelegenheit.* W muss sich deshalb auch ein Verschulden des M gemäß § 278 zurechnen lassen. Der Sachverhalt liefert jedoch keine Angaben für ein Nichtvertretenmüssen der W und des M. Der Ausschlussgrund des § 280 I 2 greift damit nicht ein. Die Voraussetzungen des § 280 I sind damit erfüllt.

5. Rechtsfolge des § 280 I ist, dass P von W den sog. *Mangelfolgeschaden* ersetzt verlangen kann.

Ein **Mangelfolgeschaden** liegt vor, wenn ein Mangel des Werks dazu führt, dass eine andere Sache oder ein anderes Rechtsgut des Bestellers (z.B. Gesundheit, Eigentum) beschädigt wird.

Vorliegend hat der fehlerhafte Einbau des Tankanzeigers dazu geführt, dass das *Eigentum* des P am Flugzeug beschädigt wurde. Ein Mangelfolgeschaden liegt vor.

Hinweis: Fraglich ist, ob der P der W eine **Frist** gemäß § 281 I setzen musste. Liegt ein *Mangelfolgeschaden* vor, so ist eine Fristsetzung jedoch niemals erforderlich, da es sich um einen Fall des Schadensersatzes *neben der Leistung* handelt. Daher sind als Anspruchsgrundlage ausschließlich §§ 634 Nr. 4, 280 I zu nennen!

6. Fraglich ist aber, ob der Anspruch wegen **Mitverschuldens** des P gemäß **§ 254 I** zu mindern ist.

a) P hat nicht bemerkt, dass der Treibstoffvorrat laut Tankanzeige trotz zunehmender Flugdauer gleich blieb, obwohl er erfahrungsgemäß hätte abnehmen müssen. Ein Mitverschulden des P ist gegeben.

b) Gemäß § 254 I ist eine **Abwägung der beiderseitigen Verursachungsanteile** vorzunehmen. Bei der W ist gemäß §§ 254 I, 254 II Satz 2, 278 zu berücksichtigen, dass M den Fehler durch eine gewissenhafte Überprüfung leicht hätte entdecken können. Demgegenüber fällt die Tatsache, dass der P sich auf die konstant bleibende Tankanzeige verließ, weniger ins Gewicht. Deshalb erscheint eine Quote von 1/3 bei P und 2/3 bei W angemessen.

7. Ergebnis: P kann von W Schadensersatz in Höhe von 2/3 des Schadens, also 140.000 €, aus §§ 634 Nr. 4, 280 I verlangen.

<u>II. P könnte gegen W einen Anspruch aus §§ 823 I, 249 II 1 auf Schadensersatz in Höhe von 210.000 € haben.</u>

1. Es müsste eine **Rechtsgutsverletzung** vorliegen. Das **Eigentum** des P am Flugzeug ist verletzt worden, wenn aufgrund des fehlerhaften Werks an dem Flugzeug ein Schaden entstanden ist, der mit dem Mangelunwert des fehlerhaften Werks nicht identisch ist. Verletzt ist dann das sog. *Integritätsinteresse* des Bestellers. Vorliegend hat der fehlerhafte Einbau des Tankanzeigers dazu geführt, dass das Eigentum des P am Flugzeug, das vor der Reparatur intakt war, verletzt worden ist. Eine Eigentumsverletzung liegt also vor.

Äquivalenzinteresse **Keine Eigentumsverletzung** -> Stoffgleichheit Mangelunwert/Schaden	⟺	Integritätsinteresse **Eigentumsverletzung** -> keine Stoffgleichheit Mangelunwert/Schaden

2. Weiterhin müsste eine **Verletzungshandlung** der Firma W vorliegen. Für die Firma W hat der Monteur M gehandelt. Da § 278 im Deliktsrecht keine Anwendung findet und M auch kein Organ gemäß § 31 ist, kann das Handeln des M der Firma W nicht zugerechnet werden. Ein Anspruch aus § 823 I scheidet damit aus.

II. P könnte gegen Firma W einen Anspruch aus § 831 auf Schadensersatz in Höhe von 210.000 € haben.

1. M müsste **Verrichtungsgehilfe** der Firma W sein.

Verrichtungsgehilfe ist, wer mit Wissen und Wollen des Geschäftsherrn in dessen Geschäftsbereich *weisungsabhängig* tätig ist.

M sollte für die Firma W Reparaturarbeiten erledigen und war insoweit den Weisungen der Firma W unterworfen. Er war also Verrichtungsgehilfe.

2. Weiterhin müsste M **tatbestandsmäßig** und **rechtswidrig** eine **unerlaubte Handlung** begangen haben. Ein Verschulden des M ist *nicht* erforderlich.

a) Es müsste eine **Rechtsgutverletzung** gegeben sein. Wie bereits festgestellt, ist das **Eigentum** des P am Flugzeug verletzt worden.

b) Es müsste ein **Handeln** oder **Unterlassen** des M vorliegen. M hat das Tankanzeigegerät fehlerhaft angeschlossen.

c) Hätte M das Tankanzeigegerätrichtig angeschlossen, so wäre das Flugzeug nicht abgestürzt. Deshalb war das Handeln des M **ursächlich** für die Eigentumsverletzung.

d) Rechtfertigungsgründe sind nicht ersichtlich, so dass auch die **Rechtswidrigkeit** seiner Handlung gegeben ist.

3. Die unerlaubte Handlung müsste **in Ausführung der Verrichtung** und nicht bloß *bei Gelegenheit* geschehen sein. M hat die Anschlüsse während seiner regulären Arbeitstätigkeit vertauscht. Er handelte daher in Ausführung der Verrichtung.

Hinweis: Nicht in Ausführung der Verrichtung, sondern nur bei „Gelegenheit" hätte M z.B. gehandelt, wenn er in der Mittagspause aus dem Flugzeug die Geldbörse des P entwendet hätte.

4. Ein **Verschulden** des Geschäftsherrn, der W, wird *vermutet*. Einen *Entlastungsbeweis* gemäß **§ 831 I 2** hat W nicht erbracht. Die Voraussetzungen des § 831 sind erfüllt.

5. Rechtsfolge ist, dass die W dem P den entstandenen Schaden ersetzen muss. Wie bereits festgestellt, muss P gemäß § 254 I wegen Mitverschuldens 1/3 des Schadens selbst tragen. P kann also von W gemäß § 831 I Schadensersatz in Höhe von 140.000 € verlangen.

▸ Literatur

📖 Schreiber, **Jura** 1987, 647 (Grundlagen zu §§ 278, 831)

Fall 11: Das aufbewahrte Gemälde

▸ **Standort:** Mietrecht, Vertrag mit Schutzwirkung, DSL

Der Kunstsammler Peter Ludwig (L) gibt dem Galeristen G ein Ölgemälde zur Aufbewahrung. G hängt es in seiner gerade neu gebauten Ferienwohnung auf, die er kürzlich vom Vermieter V gemietet hat. Bei einem heftigen Gewitter dringt Wasser durch das Dach, läuft an der Zimmerwand herunter und beschädigt das Bild. Ein Gutachter stellt fest, dass das Dach bereits bei Abschluss des Mietvertrags undicht war. L verlangt von V Schadenersatz. Zu Recht?

I. Anspruch des L auf Schadensersatz, § 536a I 1, 1. Alt.
1. Wirksamer Mietvertrag zwischen L und V (-)
2. Entfaltet der Vertrag zwischen G und V Schutzwirkung zugunsten L?
   a) Leistungsnähe
   b) Einbeziehungsinteresse des G
   c) Erkennbarkeit für V (-)
3. Ergebnis: Kein Anspruch aus § 536a I 1 ,1. Alt.

II. Anspruch des L auf Schadensersatz, §§ 823 I, 249 II 1
1. Rechtsgutsverletzung: Eigentum des L am Bild (+)
2. Unterlassen des V: Dichtigkeit des Dachs nicht untersucht; V ist jedoch nicht Garant
3. Ergebnis: Kein Anspruch aus §§ 823 I, 249 II 1

III. Anspruch des L auf Schadensersatz, §§ 536a I 1, 1. Alt. i.V.m. den Grundsätzen der Drittschadensliquidation
1. G hat einen Anspruch, aber keinen Schaden
2. L hat einen Schaden, aber keinen Anspruch
3. Das Auseinanderfallen von Schaden und Anspruch geschieht zufällig
4. Rechtsfolge: Der Schaden des L wird zur Anspruchsgrundlage des G gezogen

I. L könnte gegen V einen Anspruch aus § 536a I Satz 1, 1. Alt. auf Schadensersatz haben.

1. L müsste mit V einen **Mietvertrag** geschlossen haben. Ein Mietvertrag bestand jedoch nur zwischen G und V. Zwischen L und V bestand keinerlei vertragliche Beziehung.

2. Der zwischen G und V geschlossene Vertrag könnte aber möglicherweise **Schutzwirkung** zugunsten des L entfalten. Dann müssten folgende Voraussetzungen erfüllt sein:

a) Leistungsnähe bedeutet, dass der Dritte mit der Leistung des Schuldners in gleicher Weise in Berührung kommt wie der Gläubiger.

Das Bild des L befand sich in der Wohnung des V. Deshalb war es auch für L wichtig, dass es dort nicht aufgrund von Mängeln der Wohnung beschädigt würde. Somit kam L mit der Leistung des V in gleicher Weise in Berührung wie der G. Leistungsnähe ist gegeben.

b) G müsste ein **Interesse** daran haben, den L in den Schutzbereich des Mietvertrags mit **einzubeziehen**.

Das Schutzinteresse wird allgemein bejaht, wenn der Gläubiger aufgrund *personenrechtlicher Pflichten*, insbesondere aufgrund familien- oder arbeitsrechtlicher Fürsorgepflichten, für das „*Wohl und Wehe*" des Dritten mitverantwortlich ist (z.B. Ehefrau im Verhältnis zu ihrem Ehemann, Eltern im Verhältnis zu ihrem Kind).

Ein derartiges Fürsorgeverhältnis bestand zwischen G und L nicht.

Überwiegend wird aber die Ansicht vertreten, dass auch ein *vertragliches Interesse* ausreiche.

L und G hatten einen **Verwahrungsvertrag** geschlossen. Nach **§ 688** war G zur Aufbewahrung des Bildes verpflichtet. G hatte deshalb ein Interesse daran, dass L in den Vertrag einbezogen wurde.

c) Für den V müsste beim Vertragsschluss **erkennbar** gewesen sein, dass L in den Vertrag mit einbezogen werden sollte.

Da V *kein gewerbliches Lager*, sondern eine Ferienwohnung vermietet hatte, konnte er aber nicht damit rechnen, dass G ein wertvolles Gemälde des L in der Wohnung aufbewahren würde. Erkennbarkeit ist somit nicht gegeben. Die Voraussetzungen des Vertrags mit Schutzwirkung zugunsten Dritter sind somit nicht erfüllt.

3. Ergebnis: L hat also gegen V keinen Anspruch auf Schadensersatz aus § 536a I Satz 1, 1. Alt.

II. L könnte gegen V einen Anspruch aus § 823 I, § 249 II 1 auf Schadensersatz haben.

1. Es müsste ein in § 823 I genanntes **Rechtsgut** verletzt worden sein. Durch das herunterlaufende Wasser wurde das Bild beschädigt und somit das **Eigentum** des L verletzt. Eine Rechtsgutverletzung ist gegeben.

2. Weiterhin müsste ein **Handeln** oder **Unterlassen** des V vorliegen. V hat es unterlassen, die Dichtigkeit des Dachs zu überprüfen. Ein Unterlassen steht aber nur dann dem aktiven Tun gleich, wenn der Unterlassende eine *Garantenstellung* innehat und das *Erforderliche* und *Zumutbare* nicht tut. Als Vermieter war V *verkehrssicherungspflichtig* und somit Garant. Laut Sachverhalt war das Haus aber neu gebaut. Für V wäre die Überprüfung des Dachs mit enormem Aufwand verbunden gewesen, der nicht zumutbar erscheint. § 823 I greift somit schon tatbestandsmäßig nicht ein (a.A. vertretbar).

3. Ergebnis: Ein Anspruch aus § 823 I scheidet aus.

III. L könnte gegen V einen Anspruch aus § 536a I Satz 1, 1. Alt. i.V.m. den Grundsätzen der Drittschadensliquidation auf Schadenersatz haben.

1. G müsste einen *Anspruch, aber keinen Schaden* haben.

Das Dach war bereits bei Abschluss des Mietvertrags mangelhaft. Auf ein Verschulden kommt es bei § 536a I Satz 1, 1. Alt. nicht an. G hat also einen Anspruch aus § 536a I Satz 1, 1. Alt. Da das Bild dem L gehört, hat G aber keinen Schaden.

2. L müsste einen *Schaden, aber keinen Anspruch* haben.

Dem L ist aus der Vertragsverletzung ein Schaden (Beschädigung des Bildes) entstanden. Wie bereits dargelegt, hat er aber keinen Anspruch gegen V.

3. Das Auseinanderfallen von Anspruch und Schaden muss aus der Sicht des Schädigers *zufällig* sein. Das ist insbesondere bei der gewohnheitsrechtlich anerkannten Fallgruppe *„Obhut für fremde Sachen“* der Fall, die hier einschlägig ist.

Die Voraussetzungen der Drittschadensliquidation sind demnach erfüllt.

4. Rechtsfolge ist, dass der bei L eingetretene Schaden zur Anspruchsgrundlage des G gezogen wird und G entweder den Schaden des L bei V liquidiert oder der L aus abgetretenem Recht gegen den V vorgeht.

Abwandlung 1

Die 14-jährige Tochter T betritt das von V gerade neu gemietete Haus ihres Vaters G. Da der V sich nicht mehr um das Haus gekümmert hat, sind die Dachziegel auf dem Dach schon lange locker. Ein Windstoß lässt einen Dachziegel auf die T herabfallen, T wird verletzt und für 1.000 € im Krankenhaus behandelt. Hat T *vertragliche* Ansprüche gegen V?

I. T könnte gegen V einen Anspruch aus § 536a I Satz 1, 1. Alt. auf Schadensersatz von 1.000 € haben.

1. T müsste mit V einen **Mietvertrag** geschlossen haben. Ein Mietvertrag bestand jedoch nur zwischen G und V. Zwischen T und V bestand keinerlei vertragliche Beziehung.

2. Der zwischen G und V geschlossene Vertrag könnte aber möglicherweise **Schutzwirkung** zugunsten der T entfalten. Dann müssten folgende Voraussetzungen erfüllt sein:

a) Leistungsnähe bedeutet, dass der Dritte mit der Leistung des Schuldners in gleicher Weise in Berührung kommt wie der Gläubiger.

Der G durfte das Haus gemäß § 535 I gebrauchen, d.h. es bewohnen. Mit dieser Leistung des V kam T in gleicher Weise in Berührung wie ihr Vater. Leistungsnähe ist gegeben.

b) G müsste ein **Interesse** daran haben, die T in den Schutzbereich des Mietvertrags mit **einzubeziehen**.

Das Schutzinteresse wird allgemein bejaht, wenn der Gläubiger aufgrund *personenrechtlicher Pflichten*, insbesondere aufgrund familien- oder arbeitsrechtlicher Fürsorgepflichten, für das „*Wohl und Wehe*“ des Dritten mitverantwortlich ist (z.B. Ehefrau im Verhältnis zu ihrem Ehemann, Eltern im Verhältnis zu ihrem Kind).

Ein derartiges Fürsorgeverhältnis bestand zwischen G und T, da der G gemeinsam mit seiner Frau das Recht der elterlichen Sorge gemäß § 1626 I ausübte.

c) Erkennbarkeit

Für den V müsste beim Vertragsschluss **erkennbar** gewesen sein, dass T in den Vertrag mit einbezogen werden sollte.

Für den V war erkennbar, dass auch die Familienmitglieder des G in den Vertrag einbezogen werden sollten. Erkennbarkeit liegt also vor.

d) Letzte Voraussetzung des Vertrags mit Schutzwirkung ist, dass der Dritte **schutzbedürftig** ist.

Schutzbedürftig ist derjenige, der keine eigenen *vertraglichen* Ansprüche hat.

Hinweis: Es kommt nicht darauf an, *gegenüber wem* (z.B. Hausmeister, Vermieter etc.) der Dritte Ansprüche hat. Wichtig ist allein, dass es sich um *vertragliche* Ansprüche handelt. Deliktische Ansprüche (§§ 823 ff.) bleiben hier unberücksichtigt!

T hat keine eigenen *vertraglichen* Ansprüche und ist somit schutzbedürftig.

3. Rechtsfolge: Die Voraussetzungen des Vertrags mit Schutzwirkung liegen vor. L ist also in den Mietvertrag ihres Vaters wirksam mit einbezogen und kann vertragliche Ansprüche geltend machen.

4. Es müsste ein **Mangel** im Sinne des § 536 bei Vertragsschluss vorhanden gewesen sein. Die Dachziegel konnten sich lösen und Menschen gefährden. Sie stellen daher einen Mangel dar.

5. Vertretenmüssen

Auf ein **Vertretenmüssen** des Vermieters kommt es nur an, wenn der Mangel erst **nach Vertragsabschluß** entstanden ist, § 536a I 1.

Vorliegend war der Mangel aber schon bei Vertragsabschluss vorhanden. Ein Vertretenmüssen des V oder etwaiger *Erfüllungshilfen* (§ 278, z.B. Hausmeister) ist daher nicht zu prüfen.

6. Ergebnis: T hat also gegen V einen Anspruch auf Schadensersatz in Höhe von 1.000 € aus § 536a I Satz 1, 1. Alt. sowie Schmerzensgeld aus § 253 II.

▸ Literatur

📖 Skript **Einführung in das Schuldrecht (BT) 1**

📖 Armbrüster, **JuS** 1993, 39 (Top-Klausur zu § 536a= § 538 alte Fassung)

📖 Schilder, **JuS** 1999, 460 (Top-Klausur zu § 536a= § 538 alte Fassung)

Fall 12: Oma Gertrud' s Wertpapiere

▸ **Standort:** BGB AT, Erbrecht

Als Oma Gertrud (G) im Sterben liegt, gibt sie der Altenpflegerin A ihre Wertpapiere und bittet die A am 10.11., diese dem Vorstand V der örtlichen Katzenhilfe zu übergeben. Der Katzenhilfe wolle sie ihre Wertpapiere schenken. Am 12.11. stirbt die G, am 14.11. übergibt A die Wertpapiere dem Vorstand der Katzenhilfe. Am 15.11. erscheint die Tochter T der G bei der Katzenhilfe, weist nach, dass sie von G am 11.11. als alleinige Erbin eingesetzt worden ist und verlangt die Wertpapiere vom V heraus. Zu Recht?

I. Anspruch der T gegen die Katzenhilfe auf Herausgabe, § 985
1. Eigentum der T durch Gesamtrechtsnachfolge, § 1922
2. Eigentumsverlust durch Übereignung gemäß § 929 an Katzenhilfe?
   a) Einigung: A überbringt Angebot der G als Botin
   b) Übergabe: A hat als Geheißperson der G den Besitz übertragen
   c) Kein Widerruf der T
   d) Berechtigung der G entfällt nicht durch ihren Tod
3. Ergebnis: Kein Anspruch der T aus § 985

II. Anspruch der T gegen die Katzenhilfe auf Herausgabe, § 812 I 1
1. Katzenhilfe hat Eigentum und Besitz an den Papieren erlangt
2. Leistung der G (+)
3. Ohne Rechtsgrund, falls Schenkungsvertrag gemäß § 125 unwirksam
   a) Form des § 518 I nicht eingehalten
   b) Heilung gemäß § 518 II durch Bewirken der Leistung
   c) § 518 wird durch § 2301 nicht verdrängt
4. Ergebnis: Kein Anspruch aus § 812 I 1

I. T könnte gegen die Katzenhilfe einen Anspruch aus § 985 auf Herausgabe der Wertpapiere haben.

1. Die T müsste **Eigentümerin** der Wertpapiere sein. Mit dem Tod der G am 12.11. hat T hat das Eigentum durch **Gesamtrechtsnachfolge gemäß 1922** erworben.

2. T hat das Eigentum am 14.11. aber wieder verloren, wenn die Übereignung gemäß § 929 Satz 1 an die Katzenhilfe wirksam war.

a) Es müsste eine **Einigung** zustande gekommen sein. Vorliegend hat die A am 14.11. als Botin der G deren **Angebot** auf Übereignung überbracht. Der *Wirksamkeit* des Angebots könnte entgegenstehen, dass die G zu diesem Zeitpunkt bereits verstorben war.

Gemäß **§ 130 II** hat es aber auf die Willenserklärung keinen Einfluss, wenn der Erklärende nach der Abgabe stirbt. Es schadet somit nicht, dass die G bereits verstorben war. Gemäß **§ 153** wird das Zustandekommen eines Vertrags grundsätzlich auch nicht dadurch gehindert, dass der Antragende vor der Annahme stirbt.

Daher konnte V das Angebot der G noch annehmen. Zwar ist die Annahmeererklärung des V der G nicht *zugegangen*. Gemäß **§ 151** war der Zugang der Annahmeerklärung jedoch *entbehrlich*. Eine Einigung über den Eigentumsübergang ist zwischen G und der Katzenhilfe, vertreten durch den Vorstand, zustande gekommen.

b) Die Wertpapiere müssten **übergeben** worden sein. Dazu müsste die Katzenhilfe auf Veranlassung der G den *unmittelbaren Besitz* an den Wertpapieren erworben haben. Hier hat A als *Geheißperson* der G den Besitz übertragen, der V als Organ des Vereins ihn erworben. Eine Übergabe liegt vor.

c) Da der Katzenhilfe bis zur Übergabe der Wertpapiere kein **Widerruf** der Tochter T zugegangen ist, ist auch ein Einigsein gegeben.

d) G müsste **Berechtigte** gewesen sein. Dies könnte insofern problematisch sein, als zum Zeitpunkt der Übergabe nicht mehr die G, sondern die T wegen § 1922 Berechtigte war.

> Aus den §§ 130 II, 153 kann jedoch die Regelung entnommen werden, dass der Tod des Erblassers auf seine Berechtigung keinen Einfluss hat.

Die Übereignung an die Katzenhilfe gemäß § 929 Satz 1 war somit wirksam. Die Katzenhilfe hat deshalb das Eigentum an den Wertpapieren erworben.

3. Ergebnis: T hat gegen die Katzenhilfe keinen Anspruch aus § 985 auf Herausgabe der Wertpapiere.

II. T könnte gegen die Katzenhilfe einen Anspruch aus § 812 I Satz 1, 1. Alt. auf Herausgabe der Wertpapiere haben.

1. Die Katzenhilfe hat das Eigentum und den Besitz an den Wertpapieren und damit **„etwas" erlangt**.

2. Es müsste eine **Leistung** der G vorliegen.

> Unter „Leistung" versteht man die bewusste und zweckgerichtete Vermehrung fremden Vermögens.

Die von A als Botin der G überbrachte Zweckbestimmungserklärung sah vor, dass die Wertpapiere übergeben werden sollten, damit G ihre Verpflichtung aus dem Schenkungsvertrag, der gleichzeitig geschlossen wurde, erfüllte. Eine Leistung der G an die Katzenhilfe liegt also vor.

3. Ohne Rechtsgrund ist die Leistung erfolgt, wenn der Schenkungsvertrag zwischen G und der Katzenhilfe unwirksam ist. Er könnte gemäß **§ 125 nichtig** sein.

a) Das ist der Fall, wenn die Form des § 518 I nicht beachtet worden ist. Eine notarielle Beurkundung des Schenkungsversprechens ist vorliegend nicht erfolgt.

b) Gemäß **§ 518 II** wird der Mangel der Form aber *geheilt*, wenn die geschuldete Leistung bewirkt worden ist. Geschuldete Leistung war hier die Übertragung des Eigentums an den Wertpapieren. Diese Leistung ist an die Katzenhilfe bewirkt worden, so dass nach § 518 II Heilung eingetreten ist.

c) Fraglich ist allerdings, ob § 518 hier nicht durch die Spezialregel des **§ 2301** verdrängt wird. § 2301 müsste anwendbar sein.

Das ist der Fall, wenn das Schenkungsversprechen unter der **Bedingung** geschlossen wurde, dass die **Beschenkte die Schenkerin überlebt**.

Gegen eine solche Überlebensbedingung spricht jedoch, dass die Katzenhilfe offensichtlich in jedem Fall die G überleben würde. Es würde daher keinen Sinn machen, wenn man unterstellen würde, dass G die Wertpapiere nur dann übertragen wollte, wenn die Katzenhilfe sie überlebt. Somit findet § 2301 keine Anwendung und verdrängt nicht den § 518.

4. Demnach ist der Schenkungsvertrag durch Vollzug der Schenkung gemäß § 518 II geheilt worden. Die Katzenhilfe hat die Wertpapiere also mit Rechtsgrund (Schenkungsvertrag) erlangt. Ein Anspruch aus § 812 I Satz 1, 1. Alt. scheidet aus.

▸ Literatur

- Otte, **Jura** 1993, 643 (647) (Der Bonifatiusfall)
- BGH **NJW** 1984, 480 (Vertrag zugunsten Dritter auf den Todesfall)

Fall 13: Geklaute Briefmarken

▸ **Standort:** Sachenrecht, Eigentumserwerb beweglicher Sachen

Der Dieb D bricht in das Büro des Bauunternehmers B ein und stiehlt aus den Geschäftsräumen ein Päckchen mit 200 Briefmarken zu je 0,51 €. Diese „heiße Ware" verkauft der D für 30 € weiter an den Hehler H, der genau weiß, wie der D an die Briefmarken gelangt ist. H seinerseits verkauft die Briefmarken für 100 € an den gutgläubigen X. Als die ganze Sache auffliegt, fragt B seinen Rechtsanwalt, ob er von X Herausgabe der Marken oder von H Herausgabe der 100 € verlangen kann. Bearbeitungshinweis: Schadensersatzansprüche sind nicht zu prüfen!

I. Anspruch des B gegen X auf Herausgabe, § 985

1. Briefmarken sind Sachen, § 90; X ist Besitzer
2. Eigentumsverlust durch Übereignung gemäß § 929 1 von H an X?
   a) Einigung H-X (+)
   b) Übergabe: H-X (+)
   d) Berechtigung des H: Hat H Eigentum von D erworben?
      aa) Einigung H-D (+)
      bb) Übergabe H-D (+)
      cc) Berechtigung des D (-)
      dd) Guter Glaube des H gemäß § 932 (-) -> H war Nichtberechtigter
   e) Überwindung der mangelnden Berechtigung des H durch guten Glauben des X? § 935 I schließt gutgläubigen Erwerb nach Diebstahl aus; § 935 I hier aber gemäß § 935 II nicht anwendbar
3. Ergebnis: Kein Anspruch des B gegen X aus § 985

II. Anspruch des B gegen X aus § 861 I auf Herausgabe (-)

1. Verbotene Eigenmacht gegenüber B, § 858 I (+)
2. X besitzt gegenüber B nicht fehlerhaft nach § 858 II 1;
   X muss Fehlerhaftigkeit des Besitzes seines Vorgängers H auch nicht gegen sich gelten lassen gemäß § 858 II 2
3. Ergebnis: Kein Anspruch aus § 861 I

III. Anspruch des B gegen X aus § 1007 auf Herausgabe (-)

IV. Anspruch des B gegen X aus § 823, 249 I auf Herausgabe (-)

Nicht X, sondern D hat die Marken aus dem Büro des B gestohlen

V. Anspruch des B gegen H aus § 816 I 1 auf Erlös-Herausgabe
1. Verfügung des H durch Übertragung des Eigentums an X (+)
2. Nichtberechtigung des H (+)
3. Wirksamkeit der Verfügung gegenüber B (+), da X nun Eigentümer
4. Rechtsfolge: H muss das Erlangte, also die 100 €, herausgeben

VI. Anspruch des B gegen H aus §§ 687 II, 681, 667 auf Erlös-Herausgabe (+)

I. B könnte gegen X einen Anspruch aus § 985 auf Herausgabe der Briefmarken haben.

1. Die Briefmarken sind **Sachen** gemäß **§ 90**, der X ist gemäß **§ 854 I** deren **Besitzer**.

2. Fraglich ist, ob der B **Eigentümer** der Briefmarken ist. Er ist nicht mehr Eigentümer, wenn der X das Eigentum an den Briefmarken gemäß § 929 Satz 1 von H erworben hat. Dazu müssten die Voraussetzungen des § 929 Satz 1 erfüllt sein.

a) H und X haben sich über den Eigentumsübergang **geeinigt**.

b) Der H hat dem X die Briefmarken **übergeben**.

c) Der H müsste **Berechtigter** gewesen sein.

Berechtigter ist nur der *Eigentümer* und derjenige, der mit *Einwilligung des Berechtigten* handelt.

Der H könnte das Eigentum an den Briefmarken von D erworben haben. Dazu müssten die Voraussetzungen des § 929 Satz 1 erfüllt sein:

aa) H und D haben sich über den Eigentumsübergang **geeinigt**.

bb) Der D hat dem H die Briefmarken **übergeben**.

cc) Der D müsste **Berechtigter** gewesen sein. Berechtigter ist nur der *Eigentümer* und derjenige, der mit *Einwilligung des Berechtigten* handelt. Der D hatte die Briefmarken aber dem B gestohlen und war daher Nichtberechtigter.

Von einem Nichtberechtigten kann man das Eigentum nur **gutgläubig** gemäß **§ 932 II** erwerben. Zu prüfen ist also, ob der H gutgläubig war.

H war gemäss § 932 II nicht in gutem Glauben, wenn ihm *bekannt oder grobfahrlässig unbekannt* war, dass die Briefmarken dem D nicht gehörten.

H wusste, dass der D die Briefmarken gestohlen hatte. Also war er bösgläubig. Also hat H das Eigentum an den Briefmarken nicht gutgläubig von D erworben. Die Folge davon ist, dass H, als er die Briefmarken an den X verkaufte, *Nichtberechtigter* war. Von einem Nichtberechtigten kann man das Eigentum nur gutgläubig gemäß § 932 II erwerben. Zu prüfen ist also, ob der X gutgläubig war.

X war gemäss **§ 932 II** nicht in gutem Glauben, wenn ihm **bekannt oder grobfahrlässig unbekannt** war, dass die Briefmarken dem H nicht gehörten. Laut Sachverhalt war der X aber gutgläubig. Er könnte daher das Eigentum an den Briefmarken gutgläubig von H erworben haben.

Einem gutgläubigen Eigentumserwerb des X könnte allerdings **§ 935** entgegenstehen. Nach § 935 I ist ein Gutglaubenserwerb nicht möglich, wenn die Sache dem Eigentümer gestohlen worden oder sonst abhanden gekommen ist.

Entscheidend hierfür ist, dass der Eigentümer den unmittelbaren Besitz *ohne seinen Willen* verloren hat.

Dem B wurden die Briefmarken gestohlen, so dass er den unmittelbaren Besitz daran unfreiwillig verloren hat. Demnach könnte ein Gutglaubenserwerb nach § 935 I ausgeschlossen sein.

Gemäß **§ 935 II** findet 935 I allerdings dann keine Anwendung, wenn **Geld** oder **Inhaberpapiere** veräußert werden.

Gültige Briefmarken (also keine Sammlerstücke!) sind sog. Inhabermarken gemäß § 807 und ein Ersatzmittel für Geld. § 935 II ist hierauf anwendbar. Also war ein Gutglaubenserwerb des X gemäß § 932 II nicht durch § 935 I ausgeschlossen. Folglich hat X gemäß § 932 II gutgläubig das Eigentum an den Briefmarken von H erworben.

Demnach ist X Eigentümer der Briefmarken geworden. Der B kann die Briefmarken also von X nicht nach § 985 herausverlangen.

II. B könnte gegen X einen Anspruch aus § 861 I auf Herausgabe der Briefmarken haben.

1. Dem B müsste der Besitz an den Briefmarken durch **verbotene Eigenmacht** entzogen worden sein. Gemäß **§ 858 I** ist das der Fall, wenn dem B der Besitz *ohne seinen Willen* und ohne gesetzliche Gestattung entzogen worden ist. Wie schon festgestellt, ist diese Voraussetzung erfüllt.

2. X **besitzt** gegenüber B **fehlerhaft**, wenn er den Besitz durch verbotene Eigenmacht erlangt hat, **§ 858 II Satz 1**. Nicht X, sondern D hat aber die Briefmarken aus dem Büro des B gestohlen. Eine verbotene Eigenmacht des X liegt nicht vor.

Gemäß **§ 858 II Satz 2** muss X eine etwaige Fehlerhaftigkeit des Besitzes seines Vorgängers H aber *gegen sich gelten lassen*, wenn er diese Fehlerhaftigkeit beim Besitzerwerb *kannte*. Laut Sachverhalt war X aber gutgläubig, so dass er die Fehlerhaftigkeit nicht gegen sich gelten lassen muss. Ein Anspruch aus § 861 I scheidet aus.

III. B könnte gegen X einen Anspruch aus § 1007 auf Herausgabe der Briefmarken haben.

1. Ein Anspruch des B aus **§ 1007 I** scheitert daran, dass X beim Besitzerwerb gutgläubig war.

2. Voraussetzung für einen Anspruch nach **§ 1007 II** ist, dass dem B die Briefmarken **abhanden gekommen** sind und der X nicht dessen Eigentümer ist. Wie oben festgestellt, sind dem B die Briefmarken zwar abhanden gekommen. Jedoch hat der X gutgläubig das Eigentum an den Briefmarken erworben. Ein Anspruch aus § 1007 II scheidet also aus.

IV. B könnte gegen X einen Anspruch aus §§ 823, 249 I auf Herausgabe der Briefmarken haben.

Es müsste ein in § 823 I genanntes **Rechtsgut** verletzt worden sein.

Der **Besitz** stellt ein **sonstiges Recht** i.S.d. § 823 I dar.

Da aber nicht X, sondern D die Briefmarken aus dem Büro des B gestohlen hat, liegt ein tatbestandsmäßiges **Handeln** des X nicht vor. Ein Anspruch auf Herausgabe aus §§ 823 I, 249 I besteht demnach nicht.

V. B könnte gegen H einen Anspruch aus § 816 I Satz 1 auf Herausgabe des erzielten Verkaufserlöses in Höhe von 100 € haben.

1. Der H müsste eine **Verfügung** getroffen haben.

Verfügung ist jedes Rechtsgeschäft, das auf die Begründung, Veränderung, Übertragung oder Aufhebung eines Rechts gerichtet ist.

H hat das Eigentum an den Briefmarken an X übertragen und damit eine Verfügung vorgenommen.

2. H müsste **Nichtberechtigter** gewesen sein. Wie bereits oben festgestellt, war H Nichtberechtigter.

3. Die Verfügung müsste dem Berechtigten B gegenüber **wirksam** sein.

Das ist insbesondere dann der Fall, wenn der B aufgrund der Gutglaubensvorschriften (§§ 932 ff.) sein Eigentum verloren hat.

Dass X gemäß § 932 I das Eigentum an den Briefmarken erworben und B seins verloren hat, wurde schon festgestellt. Also war die Verfügung des H dem B gegenüber wirksam.

4. Rechtsfolge des **§ 816 I Satz 1** ist, dass H das durch die Verfügung **Erlangte** herausgeben muss. H muss also an B gemäß § 816 I Satz 1 die 100 € herausgeben.

VI. B könnte gegen H einen Anspruch aus §§ 687 II, 681, 667 auf Herausgabe der 100 € haben.

1. Indem der H dem X die dem B gehörenden Briefmarken verkaufte, hat er ein **objektiv fremdes Geschäft** wahrgenommen.

2. H handelte mit **Eigengeschäftsführungswillen**.

3. Der B hatte dem H den Verkauf der Marken nicht gestattet, so dass H **ohne Berechtigung** handelte.

4. H wusste, dass er dem X gestohlene, also einem anderen gehörende Briefmarken verkaufte. Er hatte also **Kenntnis** von der Fremdheit des Geschäfts und seiner mangelnden Berechtigung.

5. Ergebnis: B hat daher gegen H einen Anspruch aus §§ 687 II, 681, 667 auf Herausgabe der 100 €.

Hinweis: Zu Schadensersatzansprüchen, insbesondere aus §§ 989, 990 und aus §§ 823 ff. vgl. Fall 16!

▸ Literatur

- Skript **Einführung in das Sachenrecht 1**
- Kaller, **JA** 1997, 547 (549) (Klausur)
- Schreiber, **Jura** 1999, 150 (Grundlagenwissen zu § 932 ff.)
- Schreiber, **Jura** 1993, 440 (Grundlagenwissen zu §§ 861, 1007)
- Lenenbach, **Jura** 1997, 653 (Fortgeschrittenen-Klausur u.a. zu § 932)

Fall 14: Hello again....

▸ **Standort:** Sachenrecht, bewegliche Sachen, Besitzkonstitut

Nach dem Verkauf von 10 Millionen Langspielplatten mit dem Titel „Hello again“ erhält Howard C. („Howie“) eine goldene LP, die er seinem Produzenten P für dessen Büro leiht. P übereignet die LP an seinen gutgläubigen Onkel O, einem absoluten Howie-Fan, und vereinbart mit ihm, dass er, der P, die Platte weiter in seinem Büro hängen lassen dürfe. Sollte O die Platte haben wollen, werde er sie ihm aber sofort herausgeben. O wiederum übereignet die LP an die gutgläubige Sparkasse S zur Sicherheit und tritt den Herausgabeanspruch gegen seinen Neffen P an die S ab. Als der Sicherungsfall eintritt, verlangt die S die LP von P heraus. Zu Recht?

Anspruch der S gegen P auf Herausgabe, § 985
1. LP ist eine Sache, § 90; P ist Besitzer
2. Eigentumserwerb der S von O?
   a) Einigung O-S (+)
   b) Übergabe an S (-); stattdessen Abtretung des Anspruchs, § 931
   c) Berechtigung des O: Hat O Eigentum von P erworben?
      aa) Einigung O-P
      bb) Keine Übergabe an O; stattdessen Vereinbarung eines Besitzkonstitutes, §§ 930, 868
      cc) Berechtigung des P (-)
      dd) Gutgläubiger Erwerb des O von P mangels Übergabe (-)
   d) Fazit: Nichtberechtigung des O; Gutgläubiger Erwerb der S? Problem: War O mittelbarer Besitzer? Gibt es „gleichstufigen mittelbaren Besitz“ des P neben O? - > Rspr. (-) -> nur O war mittelbarer Besitzer der LP -> S hat durch Abtretung des Anspruchs Eigentum an der LP erlangt
3. Ergebnis: S kann die LP von P gemäß § 985 herausverlangen

<u>S könnte gegen P einen Anspruch aus § 985 auf Herausgabe der LP haben.</u>

1. Die LP ist eine **Sache** gemäß **§ 90**, der P gemäß **§ 854 I** deren **Besitzer**.

2. Fraglich ist, ob die S **Eigentümerin** der LP geworden ist. Sie könnte das Eigentum von O erworben haben.

a) O und S haben sich über den Übergang des Eigentums **geeinigt**.

b) Die LP wurde der S aber nicht **übergeben**. Vielmehr wurde die Übergabe gemäß **§ 931** ersetzt durch die **Abtretung des Herausgabeanspruchs,** der dem O gegen den P zustand.

c) Der O müsste **Berechtigter** gewesen sein. Die Berechtigung des O ist gegeben, wenn er das Eigentum an der Platte von P erworben hat.

aa) O und P haben sich über den Übergang des Eigentums **geeinigt**.

bb) Die LP wurde dem O aber nicht **übergeben**. Vielmehr sollte der O nur mittelbarer Besitzer werden und einen Herausgabeanspruch gegen P haben. Somit wurde die Übergabe gemäß **§§ 930, 868** durch **Vereinbarung eines Besitzkonstitutes** ersetzt.

cc) Der P müsste **Berechtigter** gewesen sein. Berechtigter ist nur der Eigentümer und derjenige, der mit Einwilligung des Berechtigten handelt. P hatte die LP aber von „Howie" nur geliehen und war daher *Nichtberechtigter*.

dd) O kann daher das Eigentum nur **gutgläubig** vom Nichtberechtigten P erworben haben.

Wird das Eigentum gemäß §§ 930, 868 durch Vereinbarung eines Besitzmittlungsverhältnisses übertragen, ist für den Gutglaubenserwerb **§ 933** einschlägig. Danach ist Voraussetzung, dass die Sache dem Erwerber **übergeben** wird.

P hat dem O die LP aber nicht übergeben, so dass O nicht gutgläubig Eigentum erworben hat. Somit war auch der O, als er die LP zur Sicherheit an die Sparkasse S übereignete, *Nichtberechtigter.*

d) Die Sparkasse S kann das Eigentum an der LP nur **gutgläubig** vom Nichtberechtigten O erworben haben.

Wird das Eigentum gemäß § 931 durch Abtretung des Herausgabeanspruchs übertragen, ist für den **Gutglaubenserwerb § 934** einschlägig.

aa) Nach § 934 1. Alt. müsste der O **mittelbarer Besitzer** gewesen sein. Das könnte hier insofern problematisch sein, als auch „Howie" gegen P einen Herausgabeanspruch gemäß § 604 (Rückgabe der Leihsache) hatte und deshalb möglicherweise **gleichstufiger mittelbarer Nebenbesitzer** neben dem O war (so die Literatur).

Jedoch ist der gleichstufige mittelbare Nebenbesitz gesetzlich nicht geregelt. Aus diesem Grunde ist mit der Rechtsprechung davon auszugehen, dass jedes neu vereinbarte Besitzmittlungsverhältnis zum *Erlöschen* des alten führt.

Nur der O war also mittelbarer Besitzer der LP.

bb) O hat den *Anspruch* an die gutgläubige S **abgetreten**, so dass die S das Eigentum an der LP erworben hat.

cc) Einem gutgläubigen Eigentumserwerb der S steht auch nicht § 935 entgegen, da Howie die LP freiwillig aus den Händen gegeben hat und ihm der unmittelbare Besitz somit nicht abhanden gekommen ist. Die S kann die LP also von P gemäß § 985 herausverlangen.

▸ Literatur

- Bayreuther, **JA** 1998, 293 (Klausur zu §§ 930, 931, 933, 934)
- Schreiber, **Jura** 1999, 150 (Grundlagenwissen zu § 932 ff.)

Fall 15: Der hinterhältige Jurastudent

▸ **Standort:** Sachenrecht, Anwartschaftsrecht, Besitzschutz

Der Jura-Student J verkauft dem Soziologie-Studenten S, mit dem er in einer Wohngemeinschaft wohnt, am 10.10. seinen alten Computer für 1.000 €. S kann nur 500 € zahlen, verspricht dem J aber, die restlichen 500 € in einer Woche von zu Hause aus zu überweisen. Sicherheitshalber vereinbart J mit S einen Eigentumsvorbehalt. Nachdem J dem S den Rechner übereignet und S ihn in sein Zimmer gestellt hat, fährt S zu seinen Eltern. Als der BWL-Student B dem J am 12.10. für den Rechner 1.200 € bietet, holt J ihn aus dem Zimmer des S und verkauft und übereignet ihn an den B, der von nichts weiß. Am 15.10. geht auf dem Konto des J der von S überwiesene Restkaufpreis in Höhe von 500 € ein. S erfährt von der Übereignung an B und will wissen, ob er den Rechner von ihm herausverlangen kann.

I. Anspruch des S gegen B auf Herausgabe, § 985

1. Rechner ist eine Sache, § 90; B ist Besitzer
2. Eigentumsverlust durch Übereignung gemäß § 929 1 von J an B?
   a) Einigung J-B (+)
   b) Übergabe: J-B (+)
   d) Berechtigung des J: War J am 12.10. noch Eigent. d. Rechners?
      aa) Einigung und Übergabe J-S am 10.10.(+)
      bb) Übereignung ist aber wieder unwirksam geworden als J den Restkaufpreis von S am 12.10. erhielt, § 161
      cc) B hat das Eigentum am Rechner auch nicht gutgläubig bedingungsfrei gemäß § 161 III, 932 erworben
3. B hat gegenüber S kein Recht zum Besitz, § 986 I
4. Ergebnis: S kann von B Herausgabe des Rechners fordern, § 985.

II. Anspruch des S gegen B aus § 861 I auf Herausgabe

1. Verbotene Eigenmacht gegenüber S, § 858 I (+)
2. B besitzt gegenüber S nicht fehlerhaft nach § 858 II 1; B muss Fehlerhaftigkeit des Besitzes seines Vorgängers J auch nicht gegen sich gelten lassen gemäß § 858 II 2
3. Ergebnis: Kein Anspruch aus § 861 I

III. Anspruch des S gegen B aus § 1007 auf Herausgabe (-)

IV. Anspruch des S gegen B aus § 823, 249 I auf Herausgabe (-)
Nicht X, sondern D hat die Marken aus dem Büro des B gestohlen

V. Anspruch des S gegen B aus §§ 823 II, 858 auf Herausgabe (-)

I. S könnte gegen B einen Anspruch aus § 985 auf Herausgabe des Rechners haben.

1. Der Rechner ist gemäß **§ 90 BGB** eine **Sache** und B gemäß **§ 854 I** dessen **Besitzer**.

2. Fraglich ist, ob der S **Eigentümer** des Rechners ist. S ist nicht Eigentümer, wenn der J ihn wirksam an den B gemäß **§ 929 Satz 1 übereignet** hat.

a) B und J haben sich über den Eigentumsübergang am 12.10. **geeinigt**.

b) J hat dem B den Rechner **übergeben**.

c) J müsste **Berechtigter** gewesen sein. Das ist der Fall, wenn J am 12.10. noch Eigentümer des Rechners war. J könnte das Eigentum aber bereits am 10.10. an S verloren haben.

aa) J und S haben sich am 10.10. über den Eigentumsübergang **geeinigt**. Jedoch wurde ein Eigentumsvorbehalt vereinbart. Das bedeutet, dass die Einigung unter der *aufschiebenden Bedingung* erfolgte, dass S die restlichen 500 Euro an J zahlte, **§§ 929 Satz 1, 158 I, 449.** Am 12.10. hatte S die restlichen 500 Euro aber noch nicht gezahlt, so dass J zu diesem Zeitpunkt noch Eigentümer und damit Berechtigter war. Somit hat B das Eigentum am Rechner erworben.

bb) Die Übereignung an B könnte jedoch gemäß **§ 161 I** wieder **unwirksam geworden** sein, als J den Restkaufpreis in Höhe von 500 Euro von S erhielt. Wie bereits festgestellt, hat J dem S den Rechner unter der *aufschiebenden Bedingung* vollständiger Kaufpreiszahlung übereignet. J hat während der Schwebezeit durch die Übereignung an B eine *weitere Verfügung* getroffen. Die Bedingung – vollständige Zahlung des Kaufpreises – ist *eingetreten*. Damit sind die Voraussetzungen des § 161 I erfüllt. Die Übereignung an B ist demnach unwirksam geworden.

cc) Möglicherweise hat der B den Rechner aber **gutgläubig bedingungsfrei gemäß §§ 161 III, 932** erworben. Laut Sachverhalt war B gutgläubig.

Gemäß **§ 935** ist jedoch ein gutgläubiger Erwerb trotzdem nicht eingetreten, wenn der Rechner dem S **abhanden gekommen** ist. Das ist der Fall, wenn S den unmittelbaren Besitz *ohne seinen Willen verloren* hat.

S hatte den Rechner in sein Zimmer gestellt und übte damit die tatsächliche Gewalt über den Rechner mit Besitzwillen aus. Demnach war S gemäß **§ 854 I unmittelbarer Besitzer** des Rechners. Die Entfernung aus dem Zimmer erfolgte ohne den Willen des S, so dass die Voraussetzungen des § 935 vorliegen. B konnte deshalb das Eigentum am Rechner nicht gutgläubig bedingungsfrei von J erwerben. Somit ist S mit Zahlung des Restkaufpreises Eigentümer des Rechners geworden.

3. Der B dürfte gegenüber S **kein Recht zum Besitz** gemäß **§ 986 I** haben. Es ist weder ein *eigenes* Besitzrecht noch ein von J *abgeleitetes* Besitzrecht ersichtlich. Insbesondere gibt der zwischen J und B geschlossene Kaufvertrag dem B gegenüber S kein Recht zum Besitz. Somit kann S von B Herausgabe des Rechners gemäß § 985 fordern.

II. S könnte gegen B einen Anspruch aus § 861 I auf Herausgabe des Rechners haben.

1. Dem S müsste der Besitz am Rechner durch **verbotene Eigenmacht** entzogen worden sein. Gemäß **§ 858 I** ist das der Fall, wenn dem S der Besitz *ohne seinen Willen* und ohne gesetzliche Gestattung entzogen worden ist. Wie schon festgestellt, ist diese Voraussetzung erfüllt.

2. B **besitzt** gegenüber S **fehlerhaft**, wenn er den Besitz durch verbotene Eigenmacht erlangt hat, **§ 858 II Satz 1**. Nicht B, sondern J hat aber den Rechner aus dem Zimmer des S geholt. Eine verbotene Eigenmacht des B liegt nicht vor.

Gemäß **§ 858 II Satz 2** muss B die Fehlerhaftigkeit des Besitzes des J aber *gegen sich gelten lassen*, wenn er diese Fehlerhaftigkeit beim Besitzerwerb *kannte*.

Laut Sachverhalt war B aber gutgläubig, so dass er die Fehlerhaftigkeit nicht gegen sich gelten lassen muss. Ein Anspruch aus § 861 I scheidet aus.

III. S könnte gegen B einen Anspruch aus § 1007 auf Herausgabe des Rechners haben.

1. Ein Anspruch des S aus **§ 1007 I** scheitert daran, dass B beim Besitzerwerb gutgläubig war.

2. Voraussetzung für einen Anspruch nach **§ 1007 II** ist, dass dem S der Rechner **abhanden gekommen** und der B nicht dessen Eigentümer ist. Dem B dürfte der Rechner auch nicht vor dem S abhanden gekommen sein. Wie bereits oben festgestellt, sind diese Voraussetzungen (Abhandenkommen bei S, kein Eigentum des B, kein vorheriges Abhandenkommen bei B) erfüllt. Somit kann S gemäß § 1007 II von B Herausgabe des Rechners fordern.

IV. S könnte gegen B einen Anspruch aus §§ 823, 249 I auf Herausgabe des Rechners haben.

Es müsste ein in § 823 I genanntes **Rechtsgut** verletzt worden sein. Der **Besitz** stellt ein **sonstiges Recht** i.S.d. § 823 I dar. Da aber nicht B, sondern J den Rechner aus dem Zimmer des S geholt hat, liegt ein tatbestandsmäßiges **Handeln** des B nicht vor. Ein Anspruch aus § 823 I besteht demnach nicht.

V. S könnte gegen B einen Anspruch aus §§ 823 II, 858 auf Herausgabe des Rechners haben.

Ob **§ 858 Schutzgesetz i.S.d. § 823 II** ist, ist umstritten. Wie bereits festgestellt, sind die Voraussetzungen des § 858 nicht erfüllt, so dass die Streitfrage dahinstehen kann. S hat gegen B keinen Anspruch aus §§ 823 II, 858.

▸ Literatur

- Skript **Einführung in das Sachenrecht 1**
- Haas, **JA** 1998, 23; 115 (Grundlagenwissen zum Anwartschaftsrecht)
- Schreiber, **Jura** 1993, 440 (Grundlagenwissen zu §§ 861, 1007)
- Kolhosser, **JuS** 1992, 215, 393, 567 (Grundfälle Besitz und Besitzschutz)

Fall 16: Claudias neues Seidenkleid

▸ **Standort:** Eigentümer-Besitzer-Verhältnis, Bereicherungsrecht

Der Dieb D klaut der Stoffhändlerin S eine Rolle Seide und verkauft sie an die Einkäuferin E des Modeschöpfers Langenfeld (L). E merkt nicht, dass die Rolle geklaut ist. L fertigt ein Kleid für seine Ex-Muse Claudia. Die erboste S will nun von ihrem Anwalt wissen, welche Ansprüche ihr gegen den L zustehen.

I. Anspruch der S gegen L aus §§ 989, 990 auf Schadensersatz (-)

1. Eigentümer-Besitzer-Verhältnis (Vindikationslage) (+)
   a) Seide ist eine Sache, § 90; L war Besitzer
   b) Eigentum der S ursprünglich (+); kein Verlust durch Übereignung von D an L wegen § 935
   c) Recht zum Besitz des L gemäß § 986 (-)
   d) Ergebnis: Vindikationslage (EBV) liegt vor
2. Keine Bösgläubigkeit des L (§ 990) trotz Zurechnung des Wissens der E über § 166 I
3. Ergebnis: Mangels Bösgläubigkeit kein Anspruch aus §§ 989, 990

II. Anspruch der S gegen L aus § 823 I auf Schadensersatz (-)

-> Direkte Anwendbarkeit des § 823 bei Vorliegen eines EBV (-)

III. Anspruch der S gegen L aus §§ 992, 823 I auf Schadensersatz (-)

-> Es fehlt an einer verbotenen Eigenmacht/Straftat des L

IV. Anspruch der S gegen L aus §§ 687 II, 678 auf Schadenersatz (-)

-> Keine Kenntnis des L vom Eigentum der S

V. Anspruch der S gegen L aus §§ 826 auf Schadenersatz (-)

-> Kein vorsätzliches Handeln des L

VI. Anspruch der S gegen L aus §§ 951, 812 I auf Wertersatz (+)

1. S hat infolge des § 950 (Verarbeitung) einen Rechtsverlust erlitten
2. Voraussetzungen des § 812 I 1, 2. Alt. (Nichtleistungskondiktion)
   a) L hat Eigentum am Stoff erlangt
   b) In sonstiger Weise (+); keine Subsidiarität der Nichtleistungskondiktion, da keine vorrangige Leistungsbeziehung vorliegt, insbesondere nicht zwischen D und L
   c) Kein Rechtsgrund
   d) Rechtsfolge: S kann von L eine Vergütung in Geld fordern

I. S könnte gegen L einen Anspruch aus §§ 989, 990 auf Schadenersatz haben.

1. Zum Zeitpunkt der Verletzungshandlung, also als die Seide verarbeitet wurde, müsste ein **Eigentümer-Besitzer-Verhältnis (Vindikationslage)** bestanden haben.

Ein EBV lag vor, wenn L, von S gemäß § 985 auf Herausgabe in Anspruch genommen, kein Recht zum Besitz gehabt hat.

a) Die Seide ist ein körperlicher Gegenstand und damit eine **Sache** gemäß **§ 90**, L war **Besitzer** gemäß **§ 854 I.**

b) Die S müsste **Eigentümerin** der Seidenrolle gewesen sein. Ursprünglich war S Eigentümerin. Sie könnte ihr Eigentum aber verloren haben, als der Dieb D der Einkäuferin des L die Seide übereignete. Wegen § 935 I konnte L das Eigentum aber nicht erwerben. Somit war die S zum Zeitpunkt der Verletzungshandlung noch Eigentümerin der Seidenrolle.

c) Der L dürfte gegenüber der S **kein Recht zum Besitz** gemäß **§ 986** gehabt haben. Ein *eigenes* Besitzrecht des L gemäß § 986 I ist nicht ersichtlich. Da D gegenüber der S kein Besitzrecht hatte, scheidet auch ein von D gemäß § 986 I *abgeleitetes* Besitzrecht offensichtlich aus. L hatte zum Zeitpunkt der Verletzungshandlung also kein Recht zum Besitz, so dass eine Vindikationslage (EBV) gegeben war.

2. L müsste gemäß **§ 990 bösgläubig** gewesen sein. Bösgläubig ist, wer den Mangel seines Besitzrechts beim Besitzerwerb *kennt*, *grobfahrlässig nicht kennt* oder später davon *erfährt*. L hatte keine Kenntnis vom Mangel seines Besitzrechts. Auch grobfahrlässige Unkenntnis ist bei ihm nicht gegeben.

L muss sich aber **analog § 166 I** das Wissen seiner Einkäuferin E *zurechnen* lassen, wenn diese *selbständig* und *eigenverantwortlich* über den Besitzerwerb *entscheiden konnte.*

Davon ist hier auszugehen. Jedoch ist auch bei E weder Kenntnis noch grobfahrlässige Unkenntnis gegeben. Auch E war also nicht bösgläubig, so dass eine Zurechnung gemäß § 166 I analog ausscheidet.

3. Mangels Bösgläubigkeit scheidet ein Anspruch aus §§ 989, 990 aus.

II. S könnte gegen L einen Anspruch aus § 823 I auf Schadensersatz haben.

Fraglich ist, ob § 823 überhaupt **anwendbar** ist. Aus **§ 993 I** „...im übrigen ist er weder zur Herausgabe von Nutzungen noch zum Schadenersatz verpflichtet" und aus **§ 992** ist nach allgemeiner Meinung zu entnehmen, dass § 823 bei Vorliegen einer Vindikationslage grundsätzlich *nicht* unmittelbar anwendbar ist. Hier sollen abschließend die §§ 989 ff. eingreifen. Eine Ausnahme wird nur beim sogenannten *Exzess des Fremdbesitzers* und beim *bösgläubigen* Besitzer diskutiert, da diese nicht schutzwürdig seien.

Ein **Fremdbesitzerexzess** ist gegeben, wenn ein Fremdbesitzer sein vermeintliches Besitzrecht *überschreitet*, z.B. einen Mietwagen für ein Autorennen missbraucht und dabei beschädigt oder am Kronleuchter der gemieteten Wohnung schaukelt.

Ein solcher Fremdbesitzerexzess ist hier aber nicht gegeben. L war auch kein bösgläubiger Besitzer. § 823 I ist somit unmittelbar nicht anwendbar. Ein Anspruch aus § 823 scheidet aus.

III. S könnte gegen L einen Anspruch aus §§ 992, 823 I auf Schadenersatz haben.

Gemäß § 992 findet § 823 Anwendung, wenn der Besitzer sich den Besitz durch **verbotene Eigenmacht** gemäß **§ 858** oder durch eine **Straftat** verschafft hat. Diese Voraussetzungen sind hier aber nicht gegeben. Ein Anspruch aus §§ 992, 823 kommt nicht in Betracht.

IV. S könnte gegen L einen Anspruch aus §§ 687 II, 678 auf Schadenersatz haben.

Die Vorschriften über die **angemaßte Eigengeschäftsführung** sind immer neben den §§ 989 ff. anwendbar, weil derjenige, der wissentlich ein fremdes Geschäft als eigenes führt, keinen Schutz verdient. L wusste jedoch nicht, dass die Seidenrolle der S gehörte. Ein Anspruch aus §§ 687 II, 678 scheidet aus.

V. S könnte gegen L einen Anspruch aus § 826 auf Schadenersatz haben.

Wer vorsätzlich einem anderen Schaden zufügt, verdient keinen Schutz, so dass § 826 immer neben §§ 989 ff. anwendbar ist. L hat jedoch nicht vorsätzlich gehandelt. Deshalb kommt ein Anspruch aus § 826 nicht in Betracht.

VI. S könnte gegen L einen Anspruch aus §§ 951, 812 I auf Wertersatz haben.

1. S müsste infolge der **§§ 946 ff**. einen **Rechtsverlust** erlitten haben. Das ist der Fall, wenn L gemäß **§ 950 I** das Eigentum an der Seide erworben hat. L hat durch Verarbeitung der Seide ein Kleid und damit eine *neue bewegliche Sache* hergestellt. Der Wert der Verarbeitung ist auch nicht erheblich geringer als der Wert der Seide. L hat also gemäß § 950 Eigentum an der Seide erworben, die S ihr Eigentum verloren.

2. Da § 951 nach überwiegender Ansicht *Rechtsgrundverweisung* ist, müssen nun die Voraussetzungen des § 812 I 1, 2. Alt. (Nichtleistungskondiktion) geprüft werden.

a) L hat das Eigentum am Stoff und damit **etwas erlangt**.

b) Dies müsste **in sonstiger Weise** geschehen sein. Wegen des Grundsatzes der *Subsidiarität* ist ein Erwerb in sonstiger Weise allerdings ausgeschlossen, wenn eine *vorrangige Leistungsbeziehung vorliegt*. Vorliegend könnte man daran denken, dass eine vorrangige Leistung des Diebes D an L vorliegt (Übereignung der Seidenrolle).

Da L aber wegen § 935 kein Eigentum erwerben konnte, beruht sein Eigentumserwerb nicht auf dem Veräußerungsgeschäft mit D, sondern allein darauf, dass L eine neue bewegliche Sache gemäß § 950 hergestellt hat. L hat also nicht aufgrund einer Leistungsbeziehung zu D das Eigentum erworben. Eine vorrangige Leistungsbeziehung ist nicht gegeben. Vielmehr liegt ein Erwerb in sonstiger Weise vor, nämlich kraft Gesetzes, § 950.

c) Ein **Rechtsgrund** dafür, dass L diesen Vermögensvorteil behalten darf, ist nicht ersichtlich.

d) Rechtsfolge der §§ 951, 812 ist, dass S eine Vergütung in Geld fordern kann.

▸ Literatur

- 🕮 Skript **Einführung in das Sachenrecht 1**
- 🕮 Müller, **JuS** 1983, 516 (Grundlagenwissen zum EBV)
- 🕮 Köhler/Grimme, **JuS** 1987, 470 (Klausur zum EBV)
- 🕮 Roth, **JuS** 1997, 518, 710, 897, 1087 (Grundfälle zum EBV)
- 🕮 Schmitz, **JuS** 1979, 651 (Anfängerklausur zu §§ 989 ff.)
- 🕮 Giesen, **Jura** 1995, 234 (Der Jungbullenfall)

Fall 17: Andy und der LKW

▸ **Standort:** Sachenrecht, Werkunternehmerpfandrecht, Verwendungen

Der Spediteur Kampmann (K) erhält einen Kredit von der Sparkasse (S) in Unna und übereignet zur Sicherheit seinen LKW. Als K den Kredit nicht zurückzahlen kann, macht die S am 14.10. von ihrem Sicherungseigentum Gebrauch und verlangt den LKW von K heraus. Der hat ihn aber bereits am 10.10. in die Werkstatt des Automechanikers „Andy" (A) gebracht. A hat am 12.10. die Bremsen repariert. Als die S das erfährt, verlangt sie den LKW am 15.10. von A heraus. A sagt, dass er zur Herausgabe des LKWs an S nach § 985 erst dann verpflichtet sei, wenn S die Rechnung für die Reparatur beglichen habe. Stimmt das?

Anspruch der S gegen A aus § 985 auf Herausgabe des LKWs

1. LKW ist eine Sache, § 90
2. A ist Besitzer, § 854
3. Eigentum der S am LKW (+)
4. A kann Herausgabe verweigern, wenn er ein Werkunternehmerpfandrecht (§ 647) erworben hat
   a) Sache des Bestellers (-); Eigentümer des LKW nicht K sondern S
   b) Gutgläubiger Erwerb des Werkunternehmerpfandrechts vom Nichtberechtigten K gemäß §1257, 1207,932 (-)
      -> Wortlaut des § 1207 verlangt bereits „entstandenes" Pfandrecht;
      -> mangels Regelungslücke(vgl. § 366 HGB) auch keine Analogie
5. Abgeleitetes Recht des A gemäß § 986 I 1 (-)
6. Zurückbehaltungsrecht des A gemäß §§ 1000, 994 (+)
   -> Das notwendige EBV lag zwar erst im Zeitpunkt des Herausgabeverlangens der S vor; dies ist nach Ansicht des BGH aber ausreichend, da derjenige, der einmal ein Besitzrecht gehabt habe, nicht schlechter gestellt werden dürfe als derjenige, der niemals ein Besitzrecht hatte
7. A hat auf den LKW notwendige Verwendungen (§ 994) gemacht, indem er die Bremsen reparierte; A ist auch als „Verwender" i.S.d. § 994 anzusehen (str.)

S könnte gegen A einen Anspruch aus § 985 auf Herausgabe des LKWs haben.

1. Der LKW ist ein körperlicher Gegenstand gemäß **§ 90 BGB** und damit eine **Sache**.

2. A übt gemäß **§ 854 I** die tatsächliche Gewalt über den LKW aus und ist dessen **Besitzer.**

3. Die S hat das **Eigentum** am LKW erworben und ist dessen Eigentümerin.

4. Problematisch ist, ob der A berechtigt ist, die Herausgabe zu verweigern. Das ist der Fall, wenn A ein **Werkunternehmerpfandrecht gemäß § 647** erworben hat.

a) Voraussetzung des § 647 ist, dass es sich um eine *Sache des Bestellers* handelt. Zwar hat der K den LKW zu A gegeben. Eigentümer war aber nicht der K, sondern die S. Damit sind die Voraussetzungen des § 647 nicht erfüllt.

b) A könnte das Werkunternehmerpfandrecht aber *gutgläubig* vom Nichtberechtigten K gemäß **§§ 1257, 1207, 932** erworben haben. Dann müsste **§ 1207** auf das Werkunternehmerpfandrecht entsprechend anwendbar sein.

> Nach **§ 1257** finden die Vorschriften über das durch Rechtsgeschäft bestellte Pfandrecht aber lediglich auf ein kraft Gesetz *entstandenes* Pfandrecht entsprechende Anwendung. Vorliegend ist das Werkunternehmerpfandrecht aber noch nicht entstanden, sondern gerade erst dabei, zu entstehen. Der *Wortlaut* des § 1257 spricht deshalb gegen eine unmittelbare Anwendung des § 1207.

c) Eine *analoge* Anwendung des § 1207 setzt eine Regelungslücke voraus.

Betrachtet man aber **§ 366 III HGB,** so wird offensichtlich, dass der Gesetzgeber das Problem des gutgläubigen Erwerbs von gesetzlichen Pfandrechten gesehen hat. Dennoch hat er beim Werkunternehmerpfandrecht keine Regelung getroffen. Von einer Regelungslücke kann daher nicht ausgegangen werden, eine analoge Anwendung des § 1207 scheidet aus.

A hat also kein Werkunternehmerpfandrecht erworben.

5. A hat ein **abgeleitetes Recht zum Besitz** gemäß **§ 986 I**, wenn der K, von dem er sein Recht zum Besitz ableitet, seinerseits der S gegenüber zum Besitz berechtigt ist. Hier ist jedoch der Sicherungsfall eingetreten, so dass K der S gegenüber kein Recht zum Besitz mehr hat.

6. A könnte jedoch ein **Zurückbehaltungsrecht** gemäß **§§ 1000, 994** haben. Dann müsste zum Zeitpunkt der Reparatur ein **Eigentümer-Besitzer-Verhältnis** (Vindikationslage) bestanden haben. Das ist der Fall, wenn A, gemäß § 985 auf Herausgabe in Anspruch genommen, kein Recht zum Besitz gemäß § 986 gehabt hat.

Als A am 12.10. die Reparatur durchführte, war der Sicherungsfall aber noch nicht eingetreten. Deshalb war *zu diesem* Zeitpunkt der K gegenüber der S zum Besitz berechtigt und A wiederum, vom K abgeleitet, gemäß § 986 I gegenüber der S. Somit hatte A, als er die Reparatur durchführte, gegenüber der S ein Recht zum Besitz. Daraus folgt, dass zu diesem Zeitpunkt *kein* Eigentümer-Besitzer-Verhältnis bestand. Demnach kann A mögliche Verwendungen, die er auf den LKW gemacht hat, nicht nach § 994 ersetzt verlangen.

Der BGH hält dieses Ergebnis für korrekturbedürftig. *Derjenige, der einmal ein Besitzrecht gehabt habe, dürfe nicht schlechter gestellt werden als derjenige, der niemals ein Besitzrecht hatte.* Deshalb reicht es nach Ansicht des BGH aus, wenn *im Zeitpunkt des Herausgabeverlangens* ein Eigentümer-Besitzer-Verhältnis besteht.

Vorliegend hatte A zum Zeitpunkt des Herausgabeverlangens der S wegen des am 14.10. eingetretenen Sicherungsfalls kein Recht zum Besitz mehr. Zu diesem Zeitpunkt bestand somit ein Eigentümer-Besitzer-Verhältnis.

7. A müsste gemäß **§ 994** auf den LKW **notwendige Verwendungen** gemacht haben.

Unter **Verwendungen** versteht man vermögenswerte Maßnahmen, die der Sache zugute kommen.

Die Reparatur der Bremsen kam dem LKW zugute und ist damit eine Verwendung.

Notwendig ist die Verwendung, wenn sie zur Erhaltung der Sache oder Sicherung ihrer Nutzungsmöglichkeit *objektiv erforderlich* ist.

Der LKW konnte ohne funktionsfähige Bremsen nicht gefahrlos betrieben werden. Die Verwendung war deshalb notwendig. Damit sind die Voraussetzungen des § 994 an sich erfüllt.

Nach einer Ansicht soll der Anwendungsbereich des § 994 allerdings eingeschränkt werden.

Als **Verwender** sei nur derjenige anzusehen, der den *Verwendungsvorgang* auf eigene Rechnung *veranlasse* und *steuere*, also nur der *Besteller* der Reparatur. Der Werkunternehmer dagegen sei *kein* Verwender i.S.d. § 994; er sei ausreichend dadurch geschützt, dass er gegenüber dem Besteller seine werkvertraglichen Zahlungsansprüche geltend machen könne.

Nach dieser Ansicht hat A keinen Anspruch auf Verwendungsersatz aus § 994. Nach überwiegender Ansicht kann dem Gesetz eine derartige Einschränkung des Anwendungsbereichs des § 994 aber nicht entnommen werden. Demnach kann A von S Ersatz seiner Verwendungen verlangen.

Ergebnis: Folgt man der Ansicht des BGH, steht dem A also ein Zurückbehaltungsrecht gemäß §§ 1000, 994 zu.

▸ Literatur

📖 Skript **Einführung in das Sachenrecht 1**

📖 Schreiber, **Jura** 1995, 497 (Grundlagenwissen zu § 647)

📖 Kaller, **JA** 1997, 547 (Klausur zu §§ 950, 994)

📖 Kindl, **JA** 1996, 201 (Grundlagenwissen zu §§ 647, 994)

Fall 18: Die verflixte Hypothek

▸ **Standort:** Sachenrecht, Hypothekenrecht

Der Bauunternehmer Holzmann (H) erhält einen Kredit in Höhe von 500.000 € von seinem noch geschäftsfähigen Geschäftsfreund Alzheim (A). Um die Forderung des A abzusichern, wird am Privatgrundstück von H eine Briefhypothek bestellt. H zahlt das Darlehen aber nicht zurück. A gerät deshalb in Geldnot und überträgt die Hypothek in notariell beglaubigter Form an seinen Geschäftsfreund Frank (F). F merkt nicht, dass A vor wenigen Tagen geschäftsunfähig geworden ist, überträgt kurze Zeit später die Hypothek in notariell beglaubigter Form an den Grafen von Zitzewitz (Z) und übergibt den Hypothekenbrief. Z will nun von seinem Anwalt wissen, welche Ansprüche ihm gegen den H zustehen.

I. Anspruch des Z gegen H aus § 488 I 2 auf Darlehensrückzahlung

1. Ist Z Inhaber der Forderung durch Abtretung geworden, § 398 ?
   a) F und Z haben sich geeinigt
   b) Die Form des § 1154 wurde beachtet
   c) Berechtigung des F (-), da die vorherige Einigung mit A wegen § 105 I nichtig war
   d) Gutgläubiger Erwerb der Forderung durch Z (-)
   -> Gutgläubiger Erwerb von Forderungen regelmäßig nicht möglich
2. Ergebnis: Z hat Forderung nicht erworben

II. Anspruch des Z gegen H aus § 1147 auf Duldung der Zwangs-Vollstreckung

1. Hat Z die Hypothek erworben? Übertragung von F an Z gemäß § 1153 ist erfolgt!
2. F war aber Nichtberechtigter. Hat Z die Hypothek gutgläubig gemäß §§ 1138, 892 erworben?
   a) Grundbuch war unrichtig
   b) F war durch Vorlage des Hypothekenbriefs legitimiert, § 1155
   c) Guter Glaube des Z (+)
   d) Rechtsfolge: Forderungsübergang wird gemäß §§ 1138, 892 fingiert

III. Anspruch des Z gegen H aus § 488 I 2 auf Darlehensrückzahlung

-> Folgt die Forderung der Hypothek nach?
   -> Einheitstheorie (+); Trennungstheorie (-)

I. Z könnte gegen H einen *schuldrechtlichen* Anspruch aus § 488 I 2 auf Rückzahlung des Darlehens in Höhe von 500.000 € haben.

1. Voraussetzung hierfür ist, dass Z Inhaber der Forderung geworden ist. Z könnte die Forderung durch **Abtretung** gemäß **§ 398** von F erworben haben.

a) F und Z müssten sich über die Übertragung der Forderung **geeinigt** haben. Ausdrücklich ist dies nicht geschehen. F hat dem Z aber die Hypothek übertragen und damit schlüssig zum Ausdruck gebracht, dass auch die Forderung auf Z übergehen sollte. F und Z haben sich also über die Abtretung der Forderung geeinigt.

b) Grundsätzlich kann eine Forderung formfrei übertragen werden.

> Handelt es sich aber um eine Forderung, die durch eine Hypothek gesichert ist, muss gemäß **§ 1154** die Abtretungserklärung in schriftlicher Form erteilt und der Hypothekenbrief übergeben werden.

Diese Voraussetzungen sind hier gegeben.

c) F müsste, als er sich mit Z einigte, **Berechtigter** gewesen sein. Dazu müsste er sich vorher mit A wirksam über die Abtretung der Forderung geeinigt haben. Der Wirksamkeit dieser Einigung steht jedoch entgegen, dass A zu diesem Zeitpunkt **geschäftsunfähig** und seine Willenserklärung somit nach **§ 105 I nichtig** war. F hat deshalb die Forderung von A nicht erworben und war somit, als er sich mit Z einigte, *Nichtberechtigter*.

d) Z könnte die Forderung **gutgläubig** vom Nichtberechtigten F erworben haben.

Forderungen können jedoch grundsätzlich nicht gutgläubig erworben werden. Anhaltspunkte dafür, dass ausnahmsweise die Voraussetzungen des **§ 405** gegeben sind, liefert der Sachverhalt nicht.

2. Ergebnis: Z hat die Forderung demnach nicht von F erworben. Ein schuldrechtlicher Anspruch aus § 488 I 2 steht Z gegen H demnach nicht zu.

II. Z könnte gegen H einen *dinglichen* Anspruch aus § 1147 auf Duldung der Zwangsvollstreckung haben.

1. Z müsste Inhaber der Hypothek sein. Er könnte die Hypothek von F erworben haben.

Die Übertragung einer bereits entstandenen Hypothek erfolgt durch **Abtretung der Forderung** gemäß **§ 398** in der **Form des § 1154**. Dann geht gemäß **§ 1153 I** die Hypothek auf den neuen Gläubiger über.

Vorliegend hat F an Z die Forderung in der Form des § 1154 abgetreten.

2. F müsste **Berechtigter** gewesen sein. Wie bereits festgestellt, hat F von A aber keine Forderung erworben und war somit *Nichtberechtigter*. Z kann die Hypothek daher nur **gutgläubig** vom Nichtberechtigten F erworben haben.

Leidet die *Forderung* unter einem Mangel, wird gemäß **§§ 1138, 892** ein gutgläubiger Erwerb der Forderung *fingiert*, d.h. es wird so getan, als habe der Erwerber die Forderung erworben. Die Konsequenz ist, dass dann gemäß § 1153 I die Hypothek auf den Erwerber übergeht.

Demnach kommt es darauf an, ob bezüglich der Forderung die Voraussetzungen des § 892 vorliegen.

a) Das **Grundbuch** müsste gemäß **§ 892 unrichtig** gewesen sein. Das ist der Fall, wenn ein dingliches Recht eingetragen war, das dem Eingetragenen tatsächlich gar nicht zustand.

Bei einer *Briefhypothek*, die bei allen Übertragungen in notarieller Form übertragen worden ist, gilt gemäß **§ 1155** der Besitzer des Briefs als im Grundbuch eingetragen.

Als Z die Hypothek von F erwarb, galt F somit als im Grundbuch eingetragen. Tatsächlich war aber der A noch Inhaber der Forderung. Deshalb war das Grundbuch unrichtig.

b) Die **Legitimation** des Verfügenden müsste gegeben sein. F hat sich durch Vorlage des Hypothekenbriefs legitimiert, § 1155.

c) Z müsste hinsichtlich des Bestehens der *Forderung* **gutgläubig** gewesen sein. Auch diese Voraussetzung ist erfüllt.

d) Somit wird der Forderungsübergang gemäß §§ 1138, 892 fingiert mit der Folge, dass Z gemäß § 1153 die Hypothek erworben hat. Z hat demnach gegen H einen Anspruch auf Duldung der Zwangsvollstreckung aus § 1147.

III. Z könnte gegen H einen *schuldrechtlichen* Anspruch aus § 488 I 2 auf Rückzahlung des Darlehens in Höhe von 500.000 € haben.

Wie bereits oben festgestellt, hat Z die Forderung nicht gutgläubig erworben. Im Ergebnis hat Z also nur die Hypothek erworben, während A noch Inhaber der Forderung ist. Gemäß § 1153 kann aber die Forderung nicht ohne die Hypothek und die Hypothek nicht ohne die Forderung übertragen werden.

Überwiegend wird daher die Ansicht vertreten, dass die Forderung der Hypothek *nachfolge* und mit übergehe, sogenannte **Einheitstheorie**.

Folgt man dieser Ansicht, dann hat Z auch die Forderung erworben.

Nach der Gegenansicht, der sogenannten **Trennungstheorie**, soll die durch § 1138 hervorgerufene Trennung zwischen Forderung und dinglichem Recht *bestehen bleiben*. Es sei systemwidrig, einen gutgläubigen Erwerb einer Forderung zu ermöglichen.

Schließt man sich dieser Ansicht an, hat Z die Forderung nicht erworben.

Gegen diese Ansicht spricht jedoch, dass bei einem Auseinanderfallen von Forderung und dinglichem Recht eine **doppelte Inanspruchnahme** des Eigentümer-Schuldners droht, nämlich einmal aus der Forderung und einmal aus der Hypothek. Deshalb verdient die Einheitstheorie den Vorzug. Z hat deshalb auch die Forderung erworben und kann gemäß § 488 I 2 von H Zahlung verlangen.

▸ Literatur

📖 Skript **Einführung in das Sachenrecht 2**

📖 Reischel, JuS 1998, 125; 220; 318; 414; 516; 614 (Grundfälle Hypothek)

Fall 19: Grisu, der Feuerwehrmann

▸ **Standort:** Unerlaubte Handlungen, GoA

Landwirt L verbrennt an einem windigen Tag auf seinem Hof Laub. Das Feuer greift auf Strohballen über, die sich direkt neben dem Feuer befinden, ein Großbrand entsteht. Nachdem dieser durch die freiwillige Feuerwehr gelöscht worden ist, knickt der Feuerwehrmann Herbert Grisu (G) beim Aufrollen der Schläuche mit seinem linken Fuß um. Dabei wird sein bereits durch frühere Verletzungen vorgeschädigtes Sprunggelenk beschädigt. Die Behandlungskosten belaufen sich auf insgesamt 15.716,67 €. Diesen Betrag will G von L ersetzt haben.

I. Anspruch des G gegen L aus §§ 823 I, 249 II

1. Rechtsgutverletzung: Körper- und Gesundheitsverletzung bei G
2. Handeln oder Unterlassen des L: L hat keine Sicherheitsmaßnahmen getroffen
3. Kausalität (+),da Sicherheitsmaßnahmen Brand verhindert hätten
4. Adäquanz (+)
5. Zurechenbarkeit des Schadensgemäß „Herausforderungsformel“:
   a) L hat das verhalten des G durch seine Pflichtwidrigkeit herausgefordert
   b) Angemessenes Risiko zwischen Zweck der Rettungshandlung und den damit verbundenen Risiken (+)
   c) Gesteigerte Gefahrenlage muss Verletzung verursacht haben; hier (-), da die Löscharbeiten schon beendet waren; es hat sich nur das *allgemeine Lebensrisiko* verwirklicht
6. Ergebnis: G hat gegen L keinen Anspruch aus §§ 823 I, 249 II 1

II. Anspruch des G gegen L aus §§ 677, 683, 670
(Aufwendungsersatz)

1. G hat ein fremdes Geschäft geführt
2. Fremdgeschäftsführungswille des G (+)
3. G handelte ohne Auftrag
4. Übernahme entsprach dem Interesse und Willen des L
5. Rechtsfolge: Grds. Aufwendungsersatzpflicht des L, § 670
   -> hier lag jedoch keine gesteigerte Gefahrenlage mehr vor, daher im Ergebnis kein Anspruch des G gegen L aus § 670

I. G könnte gegen L einen Anspruch aus §§ 823 I, 249 II 1 auf Ersatz der Behandlungskosten haben.

1. Es müsste ein in § 823 I genanntes **Rechtsgut** verletzt worden sein. Eine Verletzung des **Körpers** liegt vor, wenn die körperliche Unversehrtheit beeinträchtigt, eine **Gesundheitsverletzung**, sofern ein regelwidriger körperlicher Zustand hervorgerufen wird. Die Beschädigung des Sprunggelenks erfüllt diese Voraussetzungen, so dass eine Rechtsgutverletzung gegeben ist.

2. Weiterhin müsste ein **Handeln** oder **Unterlassen** des L vorliegen. L hat es unterlassen, Sicherheitsmassnahmen dagegen zu treffen, dass das Feuer auf die Strohballen übergriff. Ein Unterlassen steht aber nur dann dem aktiven Tun gleich, wenn der Unterlassende eine *Garantenstellung* innehat und das erkennbar *Erforderliche* und *Zumutbare* nicht tut.

Eine solche Garantenstellung besteht immer dann, wenn der Betreffende für eine *Gefahrenquelle* verantwortlich ist, insbesondere, weil er *verkehrssicherungspflichtig* ist.

L hatte durch Anzünden des Laubes eine besondere Gefahrenquelle geschaffen und war daher verpflichtet, Vorsorge dagegen zu treffen, dass andere Rechtsgüter beschädigt wurden. Demnach hatte er eine Garantenstellung inne. L hat keinerlei Sicherheitsmassnahmen dagegen getroffen, dass das Feuer auf die Strohballen übergriff und somit das erkennbar Erforderliche und Zumutbare nicht getan. Somit steht sein Unterlassen dem aktiven Tun gleich.

3. Kausal war das Unterlassen des L für die Verletzung des G, wenn ein pflichtgemäßes Verhalten des L, insbesondere Sicherheitsmassnahmen, mit an Sicherheit grenzender Wahrscheinlichkeit verhindert hätten, dass G sich verletzte. Hätte L Sicherheitsmassnahmen getroffen, wäre der Brand nicht entstanden, G hätte nicht zum Löschen ausrücken müssen und sich nicht verletzen können. Die Kausalität ist gegeben.

4. Die **Adäquanz** ist zu bejahen, wenn es nicht außerhalb aller Wahrscheinlichkeit lag, dass das Verbrennen von Laub in der Nähe von Strohballen an einem windigen Tag zu einem Brand führen und bei den nachfolgenden Löscharbeiten ein Feuerwehrmann verletzt werden würde. Diese Voraussetzung ist erfüllt.

5. Problematisch ist aber, dass L lediglich eine **mittelbare** Bedingung für die Verletzung des G gesetzt hat. Unmittelbar kam es zu dessen Verletzung erst durch seine eigene Handlung, nämlich sein Umknicken beim Aufrollen des Schlauchs. Ob mittelbar verursachte Verletzungserfolge *zurechenbar* sind, richtet sich nach der sogenannten **Herausforderungsformel:**

- ➢ L müsste durch seine Pflichtwidrigkeit das Verhalten des G *herausgefordert* und für ihn eine *erhöhte Verletzungsgefahr* geschaffen haben. Diese Voraussetzungen sind gegeben.
- ➢ Zwischen dem Zweck der Rettungshandlung und den damit verbundenen Risiken müsste ein *angemessenes Verhältnis* bestehen. Es ist nicht ersichtlich, dass der G sich zwecks Löschung des Brandes in eine unangemessene Gefahrenlage begeben hat. Ein angemessenes Verhältnis ist gegeben.
- ➢ Die Verletzung muss durch die gesteigerte Gefahrenlage verursacht worden sein. Es darf sich nicht lediglich das *allgemeine Lebensrisiko* verwirklicht haben. Als G umknickte, waren die Löscharbeiten aber bereits beendet. G befand sich somit nicht in einer Situation der Anspannung oder Hektik oder sonstigen einsatzbedingten Gefahrsteigerung. Demnach ist die Verletzung nicht durch die gesteigerte

Gefahrenlage verursacht worden. Folglich kann die Verletzung des G dem L nicht zugerechnet werden.

Ein Anspruch aus §§ 823 I, 249 II 1 scheidet somit aus.

Anmerkung: Anders wäre es, wenn G in der Hektik der Löscharbeiten umgeknickt wäre. Dann müsste L sich die Verletzung des G zunächst einmal zurechnen lassen. Es würde sich dann aber die Frage stellen, ob die Zurechnung nicht daran scheitert, dass das Sprunggelenk des G bereits *vorgeschädigt* war.

Der BGH bejaht die Zurechnung mit folgender Formel: *Wer einen gesundheitlich geschwächten Menschen verletzt, kann nicht verlangen, so gestellt zu werden, als habe er einen gesunden Menschen verletzt.* Der L müsste sich also den Schaden des G selbst dann zurechnen lassen, wenn dieser wegen seiner Vorschädigung für Verletzungen dieser Art anfälliger ist als ein Mensch ohne Vorschäden.

II. G könnte gegen L einen Anspruch aus §§ 677, 683, 670 auf Ersatz der Behandlungskosten haben.

1. G hat eine **fremdes Geschäft** geführt, da das Löschen zum Pflichtenkreis des L gehörte.

2. Ein **Fremdgeschäftsführungswille** ist bei einem objektiv-fremden Geschäft indiziert.

3. Einen Vertrag, der G zum Löschen verpflichtete, hatten L und G nicht geschlossen. G handelte somit **ohne Auftrag**.

4. Die Übernahme entsprach gemäß **§ 683** auch dem **Interesse** und **wirklichen Willen** des L, da dieser wollte, dass der Brand gelöscht wurde.

5. Rechtsfolge ist, dass G gemäß **§ 670 Aufwendungsersatz** verlangen kann.

Unter **Aufwendungen** versteht man *freiwillige Vermögensopfer.* Anerkannt ist jedoch, dass auch unfreiwillige Schäden an Leben, Gesundheit und Eigentum zu den Aufwendungen i.S.d. §§ 683, 670 zählen, sofern sie durch eine *tätigkeitsspezifisch gesteigerte Gefahr* entstanden sind.

Wie oben bereits ausgeführt, verletzte sich G beim *Aufrollen* der Schläuche und somit nicht aufgrund einer gesteigerten Gefahrenlage. Ein Anspruch aus §§ 670, 683 scheidet aus.

▸ Literatur

📖 Skript **Einführung in das Schuldrecht (BT) 2**

📖 Salje, **JA** 1993, Ü 193 (gelbe Seiten) (Anfängerklausur zu § 823)

📖 Michalski, **Jura** 1996, 393 (Der Schutzzweck)

📖 Pöggeler, **JA** 1999, 505 (Schadensrecht)

📖 BGH **NJW** 1993, 2234 (Der Feuerwehrmann-Fall)

Fall 20: Der unersättliche Kredithai

▶ **Standort:** Bereicherungsrecht

Der Bauarbeiter B nimmt beim gewerbsmäßig handelnden Kredithai K einen Kredit über 18.000 € auf, der in 2 Jahren zurückgezahlt sein soll. Obwohl der marktübliche Effektivzins bei 10 % liegt, soll B dafür einen effektiven Jahreszins von insgesamt 49 % zahlen. K zahlt dem B die 18.000 € in bar aus. B unternimmt damit eine zweijährige Weltreise, die er sonst nicht gemacht hätte. Zurück von der Reise, findet B ein Schreiben von K in seinem Briefkasten, mit dem K ihn auffordert, die 18.000 € plus 14.040 € Zinsen an ihn endlich zu zahlen. B fragt seinen Anwalt, ob K wirklich 32.040 € von ihm verlangen kann.

I. Anspruch des K gegen B aus § 488 I 2

1. Darlehensvertrag wurde geschlossen; Unwirksamkeit, § 138 II?
   a) Auffälliges Missverhältnis zwischen Leistung und Gegenleistung (+)
   b) Zwangslage, Unerfahrenheit etc. des B (-)
   c) § 138 II greift nicht ein
2. Sittenwidrigkeit des Darlehensvertrags gemäß § 138 I (+)
   -> Auffälliges Missverhältnis liegt vor; K hätte dies wissen müssen
3. Rechtsfolge umstritten
   a) Eine Ansicht: geltungserhaltende Reduktion, d.h. Zinssatz wird reduziert, Vertrag bleibt wirksam
   b) h.M.: Vertrag ist gemäß § 138 I nichtig, da Darlehensnehmer das Risiko sonst nicht vorhersehen kann
4. Rechtsfolge: Darlehensvertrag ist nichtig -> keine Ansprüche des K aus § 488 I 2

II. Anspruch des K gegen B aus § 812 I1, 1. Alt.

1. B hat den Besitz am Geld bzw. Kontogutschrift und damit „etwas erlangt“
2. Leistung des K (+),da K Erfüllung des Darlehensvertrags
3. Kein Rechtsgrund, da Darlehensvertrag unwirksam ist
4. Kein Ausschluss des Anspruchs gemäß § 814 1. Alt. mangels positiver Kenntnis des K von Unwirksamkeit des Vertrags
5. Ausschluss gemäß § 817 Satz 2 (+); erfasst werden aber nur die Zinsen, das Kapital selbst muss B zurückzahlen
6. Rechtsfolge: B muss gemäß § 818 II Wertersatz leisten; Berufung auf Entreicherung gemäß § 818 III wegen §§ 819 I, 818 IV, 292, 989 ausgeschlossen. K kann also die 18.000 € zurückfordern.

I. K könnte gegen B einen Anspruch aus § 488 I 2 auf Rückzahlung des Darlehens und Zahlung der Zinsen haben.

1. B und K haben einen **Darlehensvertrag** geschlossen. Der Darlehensvertrag müsste aber auch *wirksam* sein. Er könnte gemäß **§ 138 II** unwirksam sein.

a) Dann müsste zunächst ein **auffälliges Missverhältnis** zwischen Leistung und Gegenleistung bestanden haben.

Ein **auffälliges Missverhältnis** liegt vor, wenn der vertraglich vereinbarte Effektivzins doppelt bis dreifach so hoch wie der marktübliche ist.

Der marktübliche Effektivzins betrug 10 %, der vertraglich vereinbarte 49 % und damit mehr als das Dreifache des marktüblichen. Ein auffälliges Missverhältnis bestand somit.

b) Voraussetzung des § 138 II ist weiterhin, dass der K eine Zwangslage des B, seine Unerfahrenheit, einen Mangel an Urteilsvermögen oder eine erhebliche Willensschwäche ausgenutzt hat.

aa) Für eine **Zwangslage** des B oder eine erhebliche **Willensschwäche** liefert der Sachverhalt keine Angaben.

bb) Unerfahrenheit ist gegeben, wenn der Betreffende einen Mangel an Geschäftskenntnis oder Lebenserfahrung hat. Dazu liefert der Sachverhalt ebenfalls keine Angaben.

cc) Für einen **Mangel an Urteilsvermögen** ist Voraussetzung, dass der Betreffende nicht in der Lage ist, die Auswirkungen eines Rechtsgeschäfts richtig einzuschätzen. Aber auch ein derartiger Mangel ist bei B nicht ersichtlich. Demnach hat der K keine Schwäche bzw. einen Mangel des B ausgenutzt. Die Voraussetzungen des § 138 II sind damit nicht erfüllt.

2. Der Darlehensvertrag könnte aber gemäß **§ 138 I** wegen **Sittenwidrigkeit** unwirksam sein.

Sittenwidrigkeit ist bei einem Verbraucherkredit gegeben, wenn zwischen Leistung und Gegenleistung ein *auffälliges Missverhältnis* besteht und der Darlehensgeber *Kenntnis* oder *leichtfertige Unkenntnis* davon hat, dass der Kreditnehmer sich *nur wegen seiner schwächeren Lage* auf den Vertrag eingelassen hat.

Dazu, dass K positive Kenntnis davon hatte, dass er die wirtschaftlich schwächere Lage des B ausnutzte, liefert der Sachverhalt keine Angaben. Als gewerbsmäßig handelnder Darlehensgeber hätte K jedoch zumindest wissen müssen, dass der mit B vereinbarte Effektivzins mehr als das Dreifache des marktüblichen betrug und B sich offensichtlich nur wegen seiner schwächeren Lage auf den Vertrag einließ. Deshalb spricht eine *Vermutung* dafür, dass K sich dieser Erkenntnis leichtfertig verschlossen hat.

3. Welche **Rechtsfolge** die Unwirksamkeit eines Darlehensvertrags gemäß § 138 hat, ist umstritten.

Teilweise wird gefordert, dass der Zinssatz auf eine *angemessene Höhe* zurückgeschraubt und der Vertrag im Übrigen aufrecht erhalten werden solle, sogenannte **geltungserhaltende Reduktion**.

Mit der überwiegenden Ansicht ist dieser Vorschlag aber abzulehnen, da der Darlehensnehmer so das Risiko des Vertrags und dessen Auswirkungen in keiner Weise vorhersehen kann.

Somit ist der Darlehensvertrag gemäß § 138 I nichtig. K kann von B also weder das Darlehen noch Zinsen gemäß § 488 I 2 zurückfordern.

II. K könnte gegen B einen Anspruch aus § 812 I 1 1. Alt. auf Rückzahlung des Darlehens plus Zinsen haben.

1. B hat den Besitz am Geld und damit **etwas erlangt**.

2. Dies müsste durch eine **Leistung** des K geschehen sein.

Unter **Leistung** versteht man die bewusste und zweckgerichtete Vermehrung fremden Vermögens.

K hat geleistet, um seine Verpflichtung aus dem Darlehensvertrag zu erfüllen, also bewusst und zweckgerichtet. Eine Leistung des K an B liegt vor.

3. Wie bereits festgestellt, ist der Darlehensvertrag gemäß § 138 I unwirksam, so dass B das Geld **ohne Rechtsgrund** erlangt hat.

4. Der Anspruch könnte gemäß **§ 814 1. Alt ausgeschlossen** sein. Dann müsste K **gewusst** haben, dass er wegen Unwirksamkeit des Vertrags zur Leistung nicht verpflichtet war. Erforderlich hierfür ist *positive Kenntnis*, grobfahrlässige Unkenntnis reicht nicht. Wie bereits festgestellt, besaß K keine positive Kenntnis. Der Anspruch ist deshalb nicht gemäß § 814 1. Alt. ausgeschlossen.

5. Die Rückforderung könnte aber gemäß **§ 817 Satz 2** ausgeschlossen sein. Dann müsste K **gewusst** haben, dass sein Tun **gegen die guten Sitten** verstößt.

Im Gegensatz zu § 814 genügt für § 817 Satz 2 *grobfahrlässige Unkenntnis.*

Wie bereits festgestellt, hätte K als gewerbsmäßig handelnder Darlehensgeber wissen müssen, dass die Vergabe eines Darlehens mit einem 49 %igen effektiven Jahreszins sittenwidrig ist. Grobfahrlässige Unkenntnis ist gegeben. Somit ist die Rückforderung des Geleisteten gemäß § 817 Satz 2 ausgeschlossen.

6. Fraglich ist aber, was unter *„Geleistetem“* hier genau zu verstehen ist.

Bei einem Darlehen besteht die Leistung des Darlehensgebers darin, dem Darlehensnehmer Kapital auf Zeit zu überlassen, damit er mit dem Geld wirtschaften kann. Das Kapital selbst hingegen stellt *keine* Leistung des Darlehensgebers dar.

Somit ist vorliegend *nur ein Zinsanspruch* des K gemäß § 817 Satz 2 ausgeschlossen.

a) Gegen einen solchen Ausschluss wird teilweise eingewandt, dass § 817 Satz 2 *Strafcharakter* erhielte. Aufgabe des Bereicherungsrechts sei aber nicht die Sanktionierung, sondern nur die *Rückgängigmachung* ungerechtfertigter Vermögensverschiebungen. Der Kreditgeber müsse deshalb den marktüblichen Zinssatz erhalten.

b) Hiergegen spricht jedoch, dass der Kreditgeber dann praktisch *risikolos* überhöhte Zinsen fordern könnte. Er erhielte zumindest immer noch den marktüblichen Zins.

Mit der überwiegenden Ansicht ist deshalb ein Zinsanspruch gemäß § 817 Satz 2 ausgeschlossen.

7. Rechtsfolge des § 812 I 1 ist, dass B das **Erlangte** herausgeben muss. Da B nicht mehr im Besitz des erlangten Geldes ist, hat er gemäß **§ 818 II Wertersatz** zu leisten.

a) B könnte sich gemäß **§ 818 III** darauf berufen, dass er wegen der Weltreise, einer Luxusausgabe, die er sonst nicht unternommen hätte, nicht mehr bereichert sei.

b) Jedoch wusste der B, dass er nach zwei Jahren die 18.000 € an K zurückzahlen musste. Gemäß **§§ 819 I, 818 IV** haftet B also nach den *allgemeinen Vorschriften*. Gemäß **§§ 292, 989** muss B Schadenersatz leisten, wenn die Herausgabe des Geldes **unmöglich** geworden ist und B ein **Verschulden** trifft.

aa) B hat die Geldscheine ausgegeben, so dass er sie nicht mehr an K herausgeben kann. Unmöglichkeit der Herausgabe ist gegeben.

bb) Unter einem Verschulden i.S.d. § 989 ist *jedes zurechenbare freiwillige Verhalten* zu verstehen. Das Ausgeben des Geldes ist ein solches Verhalten, so dass ein Verschulden des B gegeben ist.

cc) K kann deshalb von B gemäß §§ 812 I 1, 819 I, 818 IV, 292, 989 Schadensersatz in Höhe von 18.000 € fordern.

▸ Literatur

📖 Skript **Einführung in das Schuldrecht (BT) 2**

📖 Giesen, **Jura** 1995, 169 (180) (Grundfälle zu § 812 ff.)

📖 Früh, **JuS** 1995, 601 ff. (Grundfälle zu § 812 ff.)

📖 Emmerich, **JuS** 1988, 925 (Grundlagenwissen)

Fall 21: Die eingebauten Betonteile

▸ **Standort:** Bereicherungsrecht, Nichtleistungskondiktion

Der Betonfabrikant B liefert der Baufirma Malocher (M) unter Eigentumsvorbehalt 12 Fertigbetonteile der Sorte „Duraton" für 29.999 €. M fertigt daraus das Fundament für den Neubau des Internet-Unternehmers Bill Hates (H). Die M geht pleite, ohne dem B die Betonteile bezahlt zu haben. B fragt seinen Anwalt, ob er die 29.999 € eventuell vom wohlhabenden H fordern kann.

I. Anspruch des B gegen H aus §§ 823 I, 249 II 1

1. Eigentumsverletzung (+), da B sein Eigentum verloren hat
2. Unterlassen des H nicht tatbestandsmäßig da H nicht Garant war
3. Ergebnis: Kein Anspruch des B aus §§ 823 I, 249 II 1

II. Anspruch des B gegen H aus §§ 951, 812 I 1, 1. Alt

1. Eigentumsverlust des B gemäß §§ 946 ff. (+)
2. Voraussetzungen des § 812 I 1, 1. Alt.?
   a) H hat Eigentum an Betonteilen erlangt
   b) Durch Leistung des B (-), da im Mehrpersonenverhältnis nach überwiegender Ansicht die *Sicht des Zuwendungsempfängers* (H) entscheidet; aus Sicht des H lag eine Leistung der M an ihn vor
   c) Ergebnis: Mangels Leistungsbeziehung B-H kein Anspruch aus § 812 I 1, 1. Alt.

III. Anspruch des B gegen H aus §§ 951, 812 I 1, 2. Alt

1. Voraussetzungen des § 812 I 1, 2. Alt.?
   a) H hat Eigentum an Betonteilen erlangt
   b) In sonstiger Weise durch Eingriff in den Zuweisungsgehalt eines fremden Rechts (= Nichtleistungskondiktion)?
      Eine Nichtleistungskondiktion scheidet nach dem Subsidiaritätsgrundsatz aus, wenn eine vorrangige Leistungsbeziehung vorliegt (Vorrang der Leistungs- vor der Nichtleistungskondiktion); hier vorrangige Leistungsbeziehung zwischen H und M
   c) Ergebnis: Kein Anspruch des B aus § 812 I 1, 2. Alt.

2. Auch das Wertungsmodell der §§ 932, 816 I BGB, 366 HGB (guter Glaube entscheidet) führt hier wegen Gutgläubigkeit des H zu keinem anderen Ergebnis.

3. Ergebnis: B hat keine Ansprüche gegen H

<u>I. B könnte gegen H einen Anspruch aus § 823 I, 249 II 1 auf Schadenersatz haben.</u>

1. Es müsste ein in § 823 I genanntes **Rechtsgut** verletzt worden sein. In Betracht kommt eine Verletzung des **Eigentums** des B an den Fertigbetonteilen.

B hat das Eigentum verloren, wenn der H es gemäß **§ 946** erworben hat. Die Baufirma M hat die Betonteile derart mit dem Grundstück des H verbunden, dass diese **wesentliche Bestandteile** des Grundstücks gemäß **§ 94 I 1** geworden sind. Dadurch ist H Eigentümer der Betonteile gemäß § 946 geworden. B hat also sein Eigentum verloren, so dass eine Rechtsgutverletzung gegeben ist.

2. Weiterhin müsste ein **Handeln** oder **Unterlassen** des H vorliegen. H hat es unterlassen, Erkundigungen darüber einzuholen, ob die Baufirma M tatsächlich Eigentümerin der Fertigbetonteile war.

Ein Unterlassen steht aber nur dann dem aktiven Tun gleich, wenn der Unterlassende eine *Garantenstellung* inne und das *Erforderliche* und *Zumutbare* nicht getan hat.

Als Bauherr war der H grundsätzlich zur Überwachung des Vorhabens verpflichtet und somit Garant. Jedoch wäre es für ihn mit unzumutbarem Aufwand verbunden gewesen, darüber zu wachen, dass die Baufirma M Eigentümerin aller von ihr eingebauten Sachen war. Das Unterlassen des H war demnach nicht tatbestandsmäßig, ein Anspruch aus § 823 I scheidet aus.

II. B könnte gegen H einen Anspruch aus §§ 951, 812 I 1, 1. Alt. auf Wertersatz haben.

1. Wie bereits festgestellt, hat B aufgrund der Vorschriften der §§ 946 ff. sein Eigentum an den Betonteilen verloren.

2. § 951 ist *Rechtsgrundverweis*, so dass die Voraussetzungen des **§ 812 I 1, 1. Alt** (Leistungskondiktion) erfüllt sein müssen.

a) H hat das Eigentum an den Betonteilen und damit **etwas erlangt.**

b) Dies müsste durch eine **Leistung** des B geschehen sein. Unter „Leistung" versteht man die bewusste und zweckgerichtete Vermehrung fremden Vermögens.

Im *Mehrpersonenverhältnis* ist nach überwiegender Ansicht maßgebend, als *wessen* Leistung sich die Zuwendung bei objektiver Betrachtungsweise *aus Sicht des Zuwendungsempfängers* darstellt.

Es muss also gefragt werden, ob aus Sicht des H eine Leistung des B vorlag. H hatte jedoch allein mit der Baufirma M einen Werkvertrag geschlossen, der den Neubau zum Gegenstand hatte. Aus seiner Sicht lag deshalb eine Leistung der M vor. Zwischen B und H bestand somit keine Leistungsbeziehung. Somit kommt ein Anspruch aus § 812 I 1, 1. Alt. nicht in Betracht.

III. B könnte gegen H einen Anspruch aus §§ 951, 812 I 1, 2. Alt. auf Wertersatz haben.

1. Wie bereits festgestellt, ist § 951 *Rechtsgrundverweis*, so dass die Voraussetzungen des **§ 812 I 1, 2. Alt**. (Eingriffskondiktion) zu prüfen sind.

a) H hat das Eigentum an den Betonteilen und damit **etwas erlangt.**

b) Dies müsste **in sonstiger Weise** geschehen sein, nämlich durch *Eingriff in den Zuweisungsgehalt eines fremden Rechts.*

Nach dem **Subsidiaritätsgrundsatz** ist die Nichtleistungskondiktion allerdings grundsätzlich immer ausgeschlossen, wenn eine *vorrangige* Leistungsbeziehung vorliegt. Der Bereicherungsausgleich erfolgt dann im jeweiligen Leistungsverhältnis.

Wie bereits festgestellt, besteht eine Leistungsbeziehung zwischen H und M. Diese ist gegenüber der Eingriffskondiktion vorrangig, so dass B gegen H keinen Anspruch aus § 812 I 1, 2. Alt. hat.

2. Teilweise wird die Auffassung vertreten, dass die Eingriffskondiktion in den „Einbaufällen" nicht subsidiär sei. Vielmehr sei das *Wertungsmodell* der **§§ 932 ff., 816 I BGB, 366 HGB** heranzuziehen und zu fragen, ob der Hauseigentümer beim Eigentumserwerb *gutgläubig* gewesen sei. Falls ja, müsse er vor einer Eingriffskondiktion des Baustofflieferanten geschützt werden.

H wusste nicht, dass der B Eigentümer der Betonteile war und hatte – wie oben ausgeführt - auch keine Nachforschungspflicht. Dem B waren die Betonteile auch nicht gestohlen worden, so dass auch § 935 hier nicht eingreift. Somit scheidet auch nach dieser Meinung ein Anspruch des B aus § 812 I 1, 2. Alt. (Eingriffskondiktion) aus.

▸ Literatur

📖 Skript **Einführung in das Schuldrecht (BT) 2**

📖 Giesen, **Jura** 1995, 234 ff.; 281 ff.(Grundfälle zu § 812 ff.)

Fall 22: Der vermögenslose Ehemann

▸ **Standort:** FamilienR, Geschäft zur Deckung d. Lebensbedarfs

Der Lagerarbeiter L kauft im benachbarten Elektro-Lädchen „Schmitz" ohne Wissen seiner Frau für den gemeinsamen Haushalt einen neuen Fernseher für 1000 €, bezahlt aber nicht, weil er seit einigen Wochen arbeitslos ist. S, der Inhaber des Ladens, möchte wissen, ob er die 1000 € vielleicht von der als Krankenschwester tätigen Ehefrau E des L verlangen kann.

Anspruch des S gegen Ehefrau E aus § 433 II
Die E könnte über § 1357 mitverpflichtet worden sein. Der Fernsehkauf müsste dazu ein Geschäft zur angemessenen Deckung des Lebensbedarfs sein.

1. Welchen Lebensbedarf eine Familie konkret hat, hängt davon ab, wie der Lebenszuschnitt *nach außen in Erscheinung* tritt. Fernseher dient dem Lebensbedarf (+).

2. Angemessenheit (-), da bei einem Kaufpreis von 1.000 € eine Abstimmung zwischen den Eheleuten notwendig war.

3. Ergebnis: Kein Anspruch des S gegen E aus § 433 II

S könnte gegen E einen Anspruch aus § 433 II auf Kaufpreiszahlung haben.

Herr L hat hier nicht als Stellvertreter für seine Frau gehandelt, so dass diese nur über **§ 1357 mitverpflichtet** worden sein kann.

1. Dann müsste der Fernsehkauf ein **Geschäft zur angemessenen Deckung des Lebensbedarfs** darstellen.

Der Begriff des **Lebensbedarfs** entstammt dem Unterhaltsrecht und schließt alle Bedürfnisse der Familie ein, die Gegenstand der *Unterhaltspflicht* sein können, **§ 1360a**. Die Unterhaltspflicht umfasst insbesondere die Aufwendungen für Kost, Wohnung und Kleidung. Welchen Lebensbedarf eine Familie konkret hat, hängt davon ab, wie der Lebenszuschnitt *nach außen in Erscheinung* tritt.

Legt man diese Kriterien zugrunde, kann der Kauf des Fernsehers als ein Geschäft angesehen werden, das seiner Art nach zur Deckung des Lebensbedarfs der Familie L diente.

2. Problematisch ist hingegen die **Angemessenheit** des Geschäfts.

Geschäfte größeren Ausmaßes, die ohne Schwierigkeiten zurückgestellt werden können, sind nicht als angemessen i.S.d. § 1357 anzusehen. Kriterium für die Angemessenheit ist insbesondere, ob für das betreffende Geschäft eine *Abstimmung* beider Ehepartner üblich ist.

Vorliegend hätte Herr L angesichts der Tatsache, dass der Fernseher 1.000 € kostete mit seiner Frau über den Erwerb sprechen müssen. Dies hat er aber unterlassen, so dass der Kauf nicht als angemessene Deckung des Lebensbedarfs angesehen werden kann.

3. Ergebnis: Somit ist die E durch ihren Mann nicht gemäß § 1357 mitverpflichtet worden. Ein Anspruch des S gegen E aus § 433 II auf Kaufpreiszahlung scheidet aus.

▸ Literatur

📖 Skript **Einführung in das Familienrecht**

📖 Limbach, **JuS** 1982, 117 (119) (Klausur zu § 1357)

📖 BGH **NJW** 1991, 2283 (Zur dinglichen Wirkung des § 1357)

‣ Schlusswort

So, ich hoffe diese Standardfälle haben dir ein bisschen Spaß gemacht und den *ersten, grundlegenden* Einstieg ermöglicht. Sollte dir das eine oder andere derzeit noch etwas fremd vorkommen, ist das kein Grund zum Verzweifeln. Rom wurde auch nicht an einem Tag erbaut und es dauert eben immer ein bisschen, bis sich der Stoff „gesetzt" hat.

Eine mir häufig gestellte Frage lautet, ob das bloße Durchlesen dieses Skripts ausreicht, um für die Übungsklausuren „fit" zu sein. Daher möchte ich an dieser Stelle den Sinn und Zweck des Skripts noch einmal verdeutlichen: „20 Standardfälle" will anhand typischer Fortgeschrittenen-Fälle zeigen, welche Anspruchsgrundlagen in Betracht kommen, welche Probleme dabei abzuhandeln sind, an welcher Stelle im Fallaufbau das Problem geprüft wird und wie man sich bei Meinungsstreitigkeiten vertretbar für die eine oder andere Meinung entscheiden kann.

Den vollen Nutzen wird dieses Skript erst dann entfalten, wenn auch die am Ende eines jeden Falles angegebenen Klausuren und Aufsätze aus den Ausbildungszeitschriften **JA**, **JuS** und **Jura** durchgearbeitet werden. Diese Zeitschriften stehen, sortiert nach Jahrgängen, kostenlos in jeder Unibibliothek bereit. Die angegebenen JA, JuS, Jura-Klausuren verdoppeln nicht nur die Zahl der Übungsfälle, sondern sind auch gedacht als Literaturquelle für Hausarbeiten.

Aus meiner eigenen Studienzeit weiß ich, dass viele Beiträge der Ausbildungszeitschriften den Leser oft total überfordern. Wie soll ein Student komplizierte geistige Höhenflüge unternehmen, wenn er doch noch nicht einmal die Grundlagen sicher beherrscht? Ich habe deshalb bei den Literaturempfehlungen darauf geachtet, dass die Beiträge gut verständlich, klar strukturiert und vor allem klausurtypisch sind. Du siehst, das Nacharbeiten lohnt sich...

Solltest du Verbesserungsvorschläge, Anregungen oder (später einmal) Interesse an einer Autorentätigkeit haben, kannst du mich per Mail erreichen unter

jan.niederle@gmx.de

Neu! Neu! Neu! Neu! Neu! Neu!

Einführung in das Familienrecht
Mit Beispielen und Schemata
für den leichten Einstieg

ISBN 3-936733-10-4
6,60 €

Einführung in das Sachenrecht 2
Mit Beispielen und Schemata
für den leichten Einstieg

ISBN 3-936733-14-7
6,60 €

Einführung in das Schuldrecht (BT) 2
Mit Beispielen und Schemata
für den leichten Einstieg

ISBN 3-936733-15-5
6,60 €

▶ Unser Skriptenangebot